의산문답·계방일기

일러두기

1. 이 번역서는 1939년 신조선사에서 간행한 신연활자본 『담헌서』에 실려있는 『의산문답』과 『계방일기』를 저본으로 하였다.
2. 번역하는 과정에서 이미 출간된 국역서들을 참고하였다.
3. 『의산문답』의 경우 하나의 글이지만 독자의 이해를 위해 장과 절을 구분하고 소제목을 달았다.
4. 독자가 쉽게 이해할 수 있도록 최대한 한글로 풀어쓰려고 하였으나, 필요한 경우 한자를 병기하였다.
5. 원문에는 주석이 없지만 독자들의 이해를 위해 주석을 달았다.

의산문답·계방일기

인간과 만물 간의 경계를 넘어
우주의 눈으로 세상을 바라보다

홍대용 지음 | **정성희** 번역·해설

arte

차례

의산문답

계방일기

해설

서문

1766, 스페이스 오디세이

중국 요녕성 평원 위에 우뚝 서 있는 의무려산醫巫閭山. 중국에서 서양 선교사들과 서양 과학문물을 접했던 홍대용은 1766년 북경에서 돌아오는 도중 이 산에 올랐다. 의무려산은 불교와 도교의 유적지가 많이 남아 있는 불교의 명산으로 요동과 중원을 나누는 이른바 중화와 오랑캐의 경계가 되는 산이었다

홍대용은 의무려산을 무대로 그의 사상과 천문 인식이 담긴 역작 『의산문답醫山問答』을 남겼다. 과학사상서이자 철학 소설인 『의산문답』에는 실학자를 상징하는 '실옹'과 공리명분에만 치우친 '허자'라는 가상의 인물이 등장한다.

『의산문답』은 허자라는 인물이 의무려산을 오르는 것으로부터 시작한다. 홍대용은 『의산문답』에서 실옹의 입을 빌어 경직된

유교적 가치와 지식, 명나라 중심의 중화주의 질서를 신랄하게 비
판했다. 그리고 이 바탕 위에서 자신의 사상과 철학을 완성했다. 그
것은 실사구시의 실학 정신, 곧 낡은 생각에만 사로잡혀 있는 조선
사회의 변화를 요구하는 것이었다.

"무수한 별들이 하늘에 흩어져 있는데
오직 이 지구만이 하늘의 중심에 있다는 것은 있을 수 없는 일이다."

지구는 우주에 흩어져 있는 수많은 뭇별 중의 하나라는 그의
우주관은 당시로서는 가히 혁명적인 것이었다. 땅은 둥글기 때문
에 따로 중심이 없다는 세계관은 중국에서 보면 조선은 동쪽 오랑
캐이지만 조선에서 보면 중국이 오랑캐가 되는 이른바 경계 파괴
의 세계관이었다. 결국 중심국[中]과 오랑캐[夷]가 따로 없다는 그의
사유는 '모든 민족과 나라는 평등하다.'라는 만물평등론과 같다. 이
는 그동안 중국이 세상의 중심이라는 낡은 중화주의 세계관을 단
숨에 뛰어넘는 혁명적인 역사 인식이었다.

해박한 천문지식을 바탕으로 홍대용은 자연을 넘어 인간, 사
회제도, 국가, 민족 등으로 폭넓게 자신의 세계관을 펼쳤다. 그는
'만물 중 인간이 최고'라는 인간중심의 사고에서 벗어나 자연과 인
간을 재조명하여 '하늘의 입장에서 보면 사람과 만물은 모두 평등
하다.'라고 주장하였다. 이러한 홍대용의 새로운 비전과 학문적 모
색은 '공평무사한 눈으로 다른 사상의 장점도 두루 받아들인다.'는

공관병수公觀倂受의 자세에서 나온 것이었다.

　30여 년 전 한국과학사를 처음 공부하면서『의산문답』은 홍대용의 지원설과 지구자전설이 실려있는 일종의 과학사상서라고 생각해 왔다. 이러한 필자의 생각은 마치『의산문답』속의 허자처럼 우물 안 개구리 같은 생각이었음을 깨달은 게 이번 작업의 가장 큰 소득이라면 소득이다.

　『의산문답』은 멸망의 세계로 질주하는 인류 미래를 위한 홍대용의 마지막 경고 같은 책이다. 21세기 미증유의 기후 위기를 맞은 인류의 운명을 홍대용은 이미 250년 전에 예측했다. 그는 기화시대의 인류는 욕심 없이 생활하여 자연 만물이 모두 제 수명을 누렸으나, 인간이 자신만을 위한 형화시대부터 지구의 생태 환경이 파괴되었다고 주장한다.

　　"풀을 씹고 물을 마시는 것이 부족하다 하여 함부로 사냥하고 고기잡이를 하니 새와 짐승, 물고기가 타고난 수명을 다하지 못하고 제대로 살 수 없게 되었다. 둥지와 움집이 누추하다 하여 화려하게 집을 지으니 초목과 쇠, 돌이 그 형체를 보전할 수 없게 되었다."

　홍대용이 살던 그 이전 시절부터 인류는 지구에 잘못을 저지르고 있었다. 이제 어찌할 것인가? 그 대답은 현재 우리에게 달려있다고 해도 과언이 아닐 것이다.

홍대용은 『의산문답』 외에도 생생한 대화체의 글을 하나 남겼
는데, 그것이 『계방일기』다. 지구촌에 사는 인간이 앞으로 어떻게
살아가야 하는지에 대한 거시적인 담론이 담겨 있는 작품이 『의산
문답』이라면, 『계방일기』는 위정자들이 조선이라는 나라를 어떻게
다스려야 하는지에 대한 홍대용의 생각이 잘 담겨 있는 작품이다.

　　『계방일기』는 홍대용이 그의 나이 44세에 세손을 호위하는 벼
슬인 세자익위사의 시직으로 근무했던 1774년 음력 12월 1일부터
이듬해 8월 26일까지 약 9개월간의 근무 일기로, 동궁 시절의 정조
에게 경사經史를 강의하고 문답을 나눈 말들이다. 홍대용과 세손 간
의 질의응답 내용을 정리한 『계방일기』는 세손인 정조가 왕위에
오른 뒤 자신의 개혁 방안을 실천해 줌으로써 조선의 국가 발전에
도움이 될 수 있으리라는 생각과 뜻이 잘 담겨 있다.

　　중화주의와 낡은 성리학 세계에 매몰되었던 18세기 조선 사회
에 새로운 화두를 던진 홍대용. 그는 인간과 만물 간의 경계를 넘어
우주의 눈으로 세상을 바라보고자 했던 인물이었다. 그가 세상을
떠난 지 올해로 240년이 되었지만, 우주 만물과 사상의 다양성을
인정한 그의 혜안은 현대를 살아가는 우리에게 여전히 시사점을
던져 준다.

2023년 8월
정성희

의산문답

세상에 나온 허자

자허자子虛子는 세상과 떨어져 은거하면서 독서한 지 30년 만에 하늘과 땅의 조화부터 인간 본성의 은미한 이치에 이르기까지 완벽하게 탐구하고, 오행五行의 근원과 유·불·도 삼교三教의 심오한 진리를 모두 깨달아 인간의 도리와 만물의 이치에 이르기까지 두루 통달하게 되었다.

그렇게 심오한 이치를 근원에서 말단까지 모두 훤하게 깨달은 뒤에 허자는 세상에 나와 사람들에게 자신이 깨달은 진리를 이야기했지만, 알아 듣기는커녕 듣는 이마다 비웃지 않은 사람이 없었다. 허자는 "소견이 작은 사람과는 더불어 큰 것을 말할 수 없고 천박한 세상에서는 더불어 도道를 말할 수가 없구나."라며 서쪽으로 향하여 청나라 수도 북경으로 들어갔다.

여관에서 60일을 머물며 그곳 벼슬아치들과 어울려 토론을 벌였으나 끝내 자신과 대화가 통할 만한 인물을 만나지 못했다. 허자가 긴 한숨을 쉬며 "주공周公[1]이 쇠했는가? 철인哲人이 사라졌는가? 아니면 나의 도道가 틀렸는가?"하고 크게 탄식한 뒤 짐을 싸고는 왔던 곳으로 돌아갔다.

돌아오던 길에 허자는 의무려산醫巫閭山에 올라 남쪽의 넓고 푸른 바다와 북쪽의 광활한 사막을 바라보며 하염없이 주룩주룩 눈물을 흘리면서 말했다.

"세상에 도가 행해지지 않으니 '노자는 오랑캐 땅으로 들어 간다'고 했고, '공자는 뗏목을 타고 바다에 떠다니고 싶다'고 했는데, 나 또한 여기서 그만 멈추어야 하는가! 멈추어야 하는가!"

하고는 마침내 세상을 등지고 숨을 뜻을 품었다.

---

1)   주공周公 : 기원전 12세기경 중국 주나라 정치가로 주 왕조의 기틀을 확립한 인물. 공자가 정
     치의 모범으로 삼아야 할 인물로 격찬한 이래로 선정善政의 상징적인 인물로 추앙받았다.

의무려산에서 실옹을 만나다

수십 리를 걸어가니 앞에 돌로 만든 문이 나왔는데 '실거지문 實居之門'이라는 글자가 새겨져 있었다. 이를 본 허자가 말했다.

"의무려산은 중국과 오랑캐의 접경에 있는 산으로 동북 지역 의 명산이다. 이 곳에 반드시 은거해 있는 선비가 있을 것이니, 내 가 반드시 들어가서 물어보리라."

드디어 돌문으로 들어가니 한 거인이 마치 새 둥지처럼 초목 으로 만든 누각 위에 홀로 앉아 있었다. 그 모습이 괴이했고 쪼갠 나무판에는 '실옹의 집'이라는 글씨가 적혀져 있었다.

허자가 말했다.
"내가 헛되다는 뜻의 '허虛'라는 글자로 이름을 삼은 까닭은 장

차 천하의 참된 실實을 살펴보고 싶어서 지은 것이요, 저분이 '실實'
자로써 이름을 지은 것은 천하의 허함을 깨트리고 싶어서 지은 이
름일 것이다. 허허실실 즉, 허는 왜 허한지 실은 왜 실한지, 오묘한
도의 진리에 대해 내 장차 저 사람의 이야기를 들어보리라."

허자가 무릎으로 엉금엉금 기어 앞으로 나아가 바람을 일으키
며 절을 한 다음, 두 손을 공손하게 앞으로 모으며 예를 갖춘 후 그
의 오른편에 섰다. 하지만 거인은 머리를 숙이고 멍하게 앉은 채 허
자가 옆에 와 있는 것을 보지도 않는 것 같았다.

보다 못한 허자가 모은 손을 들며 말했다.
"아니 군자가 사람을 맞이하는데 어찌 이렇게 거만할 수 있습
니까?"

그러자 거인이 말했다.
"그대가 동해에서 온 허자인가?"

허자가 말했다.
"그렇습니다. 그런데 선생님께서 어떻게 그것을 아십니까? 혹
시 무슨 술법이라도 쓰신 겁니까?"

허자의 말이 끝나자마자, 거인은 무릎으로 앉은 채 눈을 부릅
뜨고 말했다.

"듣자니 그대가 과연 허자로구나! 그런데 내가 무슨 술법을 썼단 말이냐? 그대의 옷차림을 보고 말투를 들으니 동해 사람임을 알겠고, 그대의 예절을 보아하니 겸손하게 나를 대하는 것처럼 보이지만 이는 겉으로만 공손함이고 오로지 진실됨이 없이 거짓된 것으로 사람을 대하고 있으니, 이것으로 그대가 허자라는 것을 안 것이지 내가 무슨 술법을 썼단 말이냐?"

허자가 말했다.
"공손은 덕의 기본입니다. 현명한 사람을 높이 받들어 존경하는 것보다 더 큰 공손함은 없을 것입니다. 조금 전에 제가 선생을 뵙고 현명한 분이라 생각했기 때문에 무릎으로 기어서 앞으로 나아가 바람이 일도록 절을 했고 두 손을 겸손하게 앞으로 모으고 오른쪽에 섰던 것입니다. 지금 선생께서 제가 거짓되게 겸손과 공손을 한다고 하니 무슨 말씀이신지요?"

거인이 말했다.
"그러면 이리 다가와 앉아 보거라. 우선 내 그대에게 시험 삼아 몇 가지 물어보겠다. 그대는 내가 누구라고 생각하느냐?"

허자가 답했다.
"현자라는 것을 알 뿐이지 선생이 누구신지 제가 어떻게 알겠습니까?"

거인이 말했다.

"그렇겠구나. 비록 그렇다 하더라도 그대는 내가 누구인지 알지도 못하면서 내가 현자라는 것은 어떻게 알았단 말이냐?"

허자가 말했다.

"제가 선생을 뵈오니 하고 계신 모습은 마치 흙과 나무의 형상 같고 목소리는 생황 악기와 큰 종소리 같습니다. 세상을 등지고 홀로 뜻을 세웠고 깊은 산속에서도 흐트러지거나 두려워하지 않으시니 이것으로써 선생께서 현자라는 것을 알았습니다."

거인이 말했다.

"헛된 빈말이 아주 심하구나! 그대는 정말로 저 돌문과 나무판에 쓰여진 '실옹지거'라는 글자를 보지 못했느냐? 그대가 돌문을 통해 들어왔고 나무판에 쓰인 글자를 보았으니, 나의 이름은 이미 알았을 것인데 오히려 모른다 하고, 나의 현명함은 알지도 못했을 것인데 현자임을 도리어 안다고 하니 그대의 헛됨이 참으로 심하구나!"

실옹, 허자를 꾸짖다

거인이 계속해서 말했다.

"자, 이제 그대에게 백성들의 마음을 홀리는 세 가지를 말해 주겠다. 먼저 식욕과 색욕에 홀리면 집안을 망치고, 이권에 홀리면 나라가 위태롭게 되며, 도술에 홀리면 천하가 어지러워진다. 그런데 그대는 지금 마음이 도술에 홀려 있는 자가 아니냐?

게다가 그대는 지나치게 과한 면이 있다. 사람의 이름이란 덕德의 부호요, 호號[2]는 덕의 표상이다. 내 이름이 실옹이라는 것을 알았다면, '실實'이라는 사람인 줄 알면 그만이지 도리어 나를 현자賢者라고까지 평가하는 것은 도대체 무슨 까닭이더냐? 심지어 그대는 나의 외모를 흙과 나무에 비유했고 나의 목소리를 듣고 생황과 종소리

---

2)   성인이 된 이후 이름 외에 편하게 부를 수 있도록 지은 이름.

에 비유했다. 또한 내가 산중에 사는 것을 보고 세상을 등지고 독립해서 깊은 산중에서도 미혹되지 않는 사람으로까지 판단했다. 이것은 그대가 접하는 사물에 따라 생각을 굴리고 환경에 따라 임기응변으로 말하는 것이니 이는 아첨이 아니면 거짓된 말일 것이다.

무릇 사람의 살과 피부는 부드러워서 저 단단한 흙과 나무와는 거리가 멀고 사람의 목과 폐에서 나오는 목소리는 저 단단한 쇠와 대나무 소리와 거리가 멀다. 또한 세상을 등지고 홀로 뜻을 세운 이는 공자이고, 깊은 산속에서도 미혹되지 않은 이는 순임금이다. 그대가 과연 나를 공자로 여기고 또 나를 순임금이라 생각하느냐? 나의 학식이 공자와 같지 않음을 어찌 알며, 나의 성인됨이 순임금과 같지 않은지 어찌 알겠느냐? 그대는 아직까지 나에 대해 아는 것이 거의 없을 터인데 보자마자 비교하며 말하는 것을 보니, 이것은 아첨이 아니면 거짓된 말일 뿐이다.

이번에는 내가 그대에게 묻겠다. 그대가 말하는 '현자'란 어떤 사람이냐?"

허자가 말했다.

"이른바 현자란 주공과 공자의 업적을 높이고 정자程子와 주자朱子의 가르침을 익혀서 정통 학문[正學]을 떠받들고 사설邪說을 물리치는 사람을 말합니다. 그리고 '어짊仁'으로 세상을 구제하고 '명철함哲'으로 자신을 잘 보존하는 사람이 유가에서 말하는 '현자'라 생각합니다."

허자의 말을 들은 실옹이 고개를 치켜들고 껄껄껄 웃으면서
말했다.

"그대가 도술에 마음이 홀렸음을 정말로 알겠구나. 아아! 슬프
도다. 도술이 사라진 지 이미 오래되었거늘 공자가 죽은 후에 그 제
자들이 스승의 뜻을 어지럽혔고, 후대에 주자 문하의 말단에서 뭇
유학자들이 주자의 본뜻을 흐리게 만들었다. 그 덕업을 숭상한다
면서 참 뜻은 망각하고, 그 가르침을 익히면서 그의 본의는 잃어버
린 것이다. 정통 학문을 떠받듦은 실상 자랑하려는 마음에서 우러
났고, 올바르지 않은 사설邪說을 물리치는 것도 실상 이기려는 마음
에서 나온 것이다. 어짊으로 세상을 구제한다지만 실상은 권력을
유지하려는 욕심에서 나온 것이고 명철함으로 자신을 보존한다지
만 실상은 이익을 추구하려는 마음에서 나온 것이다. 못된 이 네 가
지 마음이 서로 부추겨 세상의 참된 뜻은 점점 없어지고 온 천하가
도도하게 막힘없이 날로 허망한 데로 치닫는 것이다.

지금 그대는 겸손한 척하며 거짓된 공손함을 스스로 현명함이
라 여긴다. 또한 외형의 모습과 목소리만 보고 듣고서 그 사람을 현
자라 여긴다. 마음이 헛되면 몸가짐도 헛되고, 몸가짐이 헛되면 모
든 일에 헛되지 않은 것이 없다. 자신에게 헛되면 남에게도 헛되는
것이니 남에게 헛되면 천하에 헛되지 않은 것이 없게 된다. 도술에
마음이 홀리게 되면 반드시 천하가 어지럽게 되니 그대는 그것을
아는가?"

실옹에게 '도'의 요체를 묻다

허자가 한참 동안 침묵하다가 말문을 열었다.

"허자는 동해의 어느 작은 시골의 촌놈입니다. 지금은 쓸모없는 옛 성현의 말씀에 마음을 쏟고 종이 위에 쓰여진 상투적인 문장만 외면서 속된 학문에 몸을 의지해온 까닭에 작은 것을 보고 옳은 도道라고 생각했습니다. 이제 선생의 말씀을 들으니, 저의 마음에 깨달은 바가 있는 듯합니다. 감히 선생께 묻겠습니다. 큰 도의 요체는 무엇인지요?"

진지한 허자의 질문에 실옹은 한참을 물끄러미 보고 있다가 말했다.

"그대의 얼굴이 이미 주름졌고 머리 또한 희끗한데, 먼저 그대가 배운 것부터 들어보자꾸나."

허자가 말했다.

"어려서는 성현의 글을 읽었고 커서는 시와 예禮를 배워 익혔으며, 음양陰陽의 변화를 탐구하여 인간과 만물의 이치를 알게 되었습니다. 충성과 공경을 마음의 중심에 두었고 성실하고 민첩하게 일을 처리했습니다. 그리고 세상을 다스리고 사람을 구제하는 것은 주나라 관직 제도가 기록되어 있는 주례周禮를 바탕으로 했고, 벼슬을 하거나 물러날 때에는 이윤伊尹[3]과 여상呂尙[4]을 본받고자 했습니다. 이 외에도 예술과 천문, 무기와 제례, 수학과 음악에 이르기까지 제한을 두지 않고 널리 배웠으나, 결국에는 『시경詩經』·『서경書經』·『예기禮記』·『역경易經』·『춘추春秋』·『악경樂經』 즉 육경六經을 기본으로 회통하고 정주程朱[5]의 학설을 절충하였습니다. 이것이 저 허자가 배운 것입니다."

실옹이 말했다.

"그대가 말한 대로 유학자가 배워야 할 학문의 기본을 모두 갖

---

3)   이윤伊尹은 중국 역사상 최고의 명재상으로 꼽히는 인물이다. 상나라를 세운 탕왕을 도와 천하의 명군으로 만든 인물로 탕왕이 무려 다섯 번이나 찾아가 자신을 도와달라고 부탁해 어렵게 발탁했다는 얘기가 있을 정도로 발군의 실력을 가진 책사다.

4)   중국 주나라 시대 정치가로 세칭 강태공이라는 이름으로 널리 알려진 인물이다. 낚시를 하며 때를 기다리다가 나이 칠순에 주나라 문왕에게 발탁되었다. 문왕을 도와 은나라 주왕의 군대를 물리치고 주나라를 건국하는 데 큰 공을 세웠다.

5)   정호, 정이 형제와 주희(주자)를 아우르는 말이다. 주희가 정이의 사상을 발전시켜 이룬 유학을 정주학 또는 주자학이라 한다.

추었는데, 그대는 또 무엇이 부족해서 나에게 더 배울 것이 있다고 묻는 것이냐? 그대가 나를 말로써 난처하게 할 작정이냐? 아니면 학식으로 나와 겨룰 셈이냐? 그것도 아니면 조목과 규정으로 나를 시험해 보려는 것이냐?"

허자가 일어나서 절하고는 공손하게 예를 갖추며 말을 이었다.

"선생께서 이 무슨 말씀이십니까? 저는 그간 자질구레한 데 얽매여 큰 도를 듣지 못했기에 마치 우물 안의 개구리처럼 함부로 잘난 체했고, 여름벌레가 얼음을 이야기하듯이 무식하였습니다. 이제 선생을 뵈오니 마음이 환히 트이고 눈과 귀가 맑고 밝아져서 선생님의 말씀에 마음을 더 기울이고 정성을 다하려는데 이 무슨 말씀입니까?"

사람과 만물은 구별이 없다

실옹이 말했다.

"그렇게 생각한다면 너는 진실로 유학자로구나. 물뿌리고 청소하는 등 일상 생활에 필요한 것을 배운 다음에 성명性命, 즉 인간과 우주 만물의 본성이 무엇인지를 배워나가는 것이 젊은 유생이 배우는 학문의 순서다. 이제 내가 그대에게 큰 도를 말하고자 하는데 모름지기 먼저 만물의 근원부터 알려 주겠다. 사람이 만물과 다른 점은 마음이요, 마음이 만물과 다른 점은 몸 때문이다. 이제 내가 그대에게 묻겠다. 그대의 몸이 만물과 다른 점이 무엇인지 이야기 해보아라."

허자가 대답했다.

"사람의 몸으로 말하오면, 먼저 둥근 머리는 하늘을 상징하고 각지고 모난 발은 땅을 상징합니다. 그리고 피부와 머리털은 산림을 상징하며, 정액과 피는 강과 바다를 상징합니다. 두 눈은 해와 달을 상징하고, 숨 쉬는 것은 바람과 구름을 각각 상징한 것입니다. 그러므로 사람의 몸을 우주에 비유하여 '소천지小天地'라고 합니다.

그리고 인간으로 출생하는 것으로 말하면, 아버지의 정자와 어머니의 혈액이 교감하여 어머니의 뱃속에서 잉태되고 달이 차면 세상으로 나오게 됩니다. 또한 나이가 들면서 지혜가 성장하고 사람의 몸에 있는 눈과 귀·입·코 등 일곱 구멍이 모두 밝아지며 사람의 다섯가지 감정인 기쁨과 노여움·욕심·두려움·근심이 모두 갖추어지게 됩니다. 이것이 곧 사람의 몸이 만물과 다른 점이 아니겠습니까?"

허자가 사람과 만물의 차이를 말하자, 듣고 있던 실옹이 말했다.

"오호라! 그대의 말대로라면 사람과 만물이 다른 점이 거의 없는 것이 아니냐? 무릇 털과 피부 같은 재질과 정액과 혈액의 교감은 초목이나 사람이나 다를 바가 없거늘, 하물며 사람이 짐승과 다를 것이 있겠느냐?

이번에는 내가 다시 묻겠다.

이 세상에 생명체가 세 가지 있으니, 첫째가 사람이고 둘째가 짐승이며 셋째가 초목이다. 초목은 거꾸로 땅에 붙어 자라나는 까닭에 아는 것[知]은 있지만 깨달음[覺]이 없다. 짐승은 옆으로 기어 다니는 까닭에 깨달음은 있어도 지혜는 없다. 이 세 가지 생명체가 한 없이 서로 얽히고설켜 살면서 서로 쇠하게도 하고 성하게도 하는데, 이들 사이에 귀하고 천함의 차등이 있다고 할 수 있겠는가?"

허자가 자신있게 말했다.

"하늘과 땅 사이에 살아 있는 생명체 중에 오직 사람이 제일 귀합니다. 지금 저 짐승이나 초목은 지혜도 감각도 없으며, 예의도 의리도 없습니다. 사람이 짐승보다 귀하고 초목은 짐승보다 천한 것입니다."

실옹은 고개를 젖히고 크게 웃으면서 말했다.

"허허허, 너는 진실로 사람인 게로구나. 오륜五倫[6]과 오사五事[7]는 사람의 예의이고, 떼를 지어 다니면서 서로 불러 먹이는 것은 짐승의 예의이며, 여러 줄기가 하나로 뭉쳐져서 가지별로 잎이 무성한 것은 초목의 예의이다. 따라서 사람의 기준으로 만물을 보면 사람이 귀하고 만물이 천하며, 만물의 기준에서 사람을 보면 만물이 귀하고 사람이 천하다. 그런 이치로 하늘에서 바라보면 사람과 만물은 균등하다."

---

[6] 유교에서 사람이 지켜야 하는 다섯가지의 윤리로, 부자유친父子有親, 군신유의君臣有義, 부부유별夫婦有別, 장유유서長幼有序, 붕우유신朋友有信을 말한다.

[7] 홍범洪範에 말한 다섯 가지 일. 얼굴은 단정하게, 말은 바르게, 보는 것은 맑게, 듣는 것은 자세하게, 생각은 투철하게 한다는 것을 말한다.

실옹이 계속해서 말했다.

"무릇 짐승과 초목은 지혜가 없는 까닭에 속이거나 거짓이 없고 깨달음이 없는 까닭에 허튼짓도 하지 않는다. 그렇다면 만물이 사람보다 훨씬 귀하다고 할 것인데 이 역시 거리가 멀다. 또한 봉황은 높이 천 길을 날고 용은 하늘을 날며, 점을 칠 때 쓰는 풀인 시초蓍草와 제사 때 쓰는 울창주는 신과 통하며, 소나무와 측백나무는 재목으로 쓰인다. 그대가 볼 때 이것들을 사람과 견주어본다면 어느 것이 귀하고 어느 것이 천하겠느냐?

무릇 '큰 도'의 해악은 자랑하려는 마음보다 더 심한 것이 없다. 사람이 사람을 귀하게 여기고 만물을 천하게 여기는 것은 자랑하려는 마음을 그 바탕에 두고 있기 때문이다."

허자가 의아해하며 물었다.

"봉황과 용이 아무리 높이 날아 올라도 짐승에 불과하고, 시초와 울창주가 신과 통하고 소나무와 측백나무가 재목으로 쓰인다 하지만, 이것 또한 초목에서 벗어나지 못합니다. 더욱이 이들의 어짐만으로는 백성에게 혜택을 주는 정치를 할 수도 없고, 세상을 다스릴 지혜도 부족합니다. 복식과 의장儀章의 제도가 없고 예절과 음악, 무기와 형법의 쓰임도 없습니다. 그런데 어찌하여 사람과 비교하여 같을 수 있겠습니까?"

허자가 강하게 의문을 제기하자 실옹이 답했다.

"너의 미혹됨이 심하구나! 용이 물고기를 놀라게 하지 않고 물을 흐리지 않는 것은 백성을 위한 용의 혜택이며, 참새를 겁나게 하지 않음은 봉황이 세상을 다스림이다. 또한 구름의 고운 다섯 가지 빛깔은 용의 화려하게 차려입은 의장이요, 온몸에 두른 아름다운 무늬는 봉황의 차려입은 복식이다. 천둥과 번개가 치는 것이 용의 무기이자 형벌이며, 높은 언덕에서 곡조있게 울리는 소리는 봉황의 예악禮樂이다. 시초와 울창주는 종묘와 사직의 제사에 귀하게 쓰이고, 소나무와 측백나무는 집을 짓는 데 필요한 아주 귀중한 재목이다.

그러므로 옛 성인들이 백성에게 혜택을 주고 세상을 다스림에 만물로부터 본받지 않은 바가 없었다. 군신 간의 의리는 벌에게서, 병법에서 진을 치는 법은 개미로부터 가져온 것이다. 또한 예절의 제도는 다람쥐에게서, 그물 치는 법은 거미에게서 각각 가져온 것이다. 그런 까닭에 '성인聖人은 만물을 스승으로 삼는다.'고 하였다. 그런데 지금 그대는 어찌하여 하늘의 관점에서 만물을 보지 않고 오로지 사람의 관점에서 만물을 보는가?"

실옹의 날카로운 가르침을 들은 허자가 깜짝 놀라며 크게 깨닫는 바가 있었다. 조심스럽게 다시 절을 하고 실옹에게 다가서며 질문을 했다.

"사람과 만물에 분별이 없다는 선생님의 가르침을 삼가 받들

겠습니다. 이에 선생께 감히 여쭙겠습니다. 그렇다면 사람과 만물
이 생긴 근본은 무엇인지요?"

이에 실옹이 답을 하였다.

"좋은 물음이다. 그렇지만 사람과 만물이 생긴 것은 천지에 근
본을 두고 있는 것이니, 먼저 천지의 실상부터 이야기해 보겠다."

우주의 본체라 할 수 있는 '태허太虛'는 본래 고요하고 텅 비었
으며, 오직 기氣로만 가득 차 있을 뿐이다. 태허는 안도 없고 바깥도
없으며 시작도 없고 끝도 없다. 헤아릴 수 없이 광대하게 쌓인 기가
모여서 엉기어 형체를 이룬다. 이것이 우주 허공에 두루 퍼져서 돌
기도 하고 자리 잡기도 하니 이것들이 땅과 달, 해와 별들이다.

땅의 모양은 둥글다

실옹이 말했다.

"무릇 땅이란 그 바탕이 물과 흙으로 이루어졌으며, 그 모양은 둥근데 허공에 떠서 쉬지 않고 돈다. 온갖 만물은 땅 표면에 붙어서 살 수 있다."

실옹의 말에 허자가 재차 질문했다.

"옛사람들은 천원지방이라 하여 '하늘은 둥글고 땅은 모났다' 고 하였는데, 지금 선생께서 '땅의 모양이 둥글다'고 하시니 도대체 무슨 말씀입니까?"

실옹이 답했다.

"너의 아둔함이 매우 심해서 깨우쳐주기가 어렵구나. 모든 만물의 모양이 모두 둥글고 모난 것이 없는데 하물며 땅이라고 다르겠느냐!

달이 해를 가려 일식이 일어나는데, 그 가리워진 모양이 반드시 둥근 것은 달의 모양이 둥글기 때문임을 알 수 있다. 땅이 해를 가려 월식이 일어나는데, 가려진 모양이 또한 둥근 것은 땅의 모양이 둥글기 때문이다. 그러니 월식은 땅이 거울이다. 월식을 보고도 땅이 둥글다는 것을 모른다면 거울에 비친 자기 얼굴을 알아보지 못한 것과 같은 것이니, 어찌 어리석지 아니한가?"

계속해서 실옹이 말했다.

"옛날 증자라는 분이 말하기를 '하늘은 둥글고 땅이 모나면 네 귀퉁이가 서로 가려주지 못할 것이다'라고 하였는데, 이것은 근거가 있는 말이었다. 하늘이 둥글고 땅은 모났다는 것을 어떤 사람은 천지의 모양이 아니라 땅의 품성을 말한 것이라고도 하였다. 물론 옛 사람이 전하여 기록한 말을 믿는 것 또한 중요하겠지만, 현재 눈으로 직접 보고 실증한 것만 하겠느냐? 진실로 땅이 모가 났다면 네 귀퉁이, 여덟 모서리, 육면이 모두 고르게 평면이고 가장자리 끝은 마치 장벽처럼 깎은 낭떠러지일 것이다. 그대는 참으로 그렇게 보이느냐?"

허자가 말했다.

"예, 그렇게 봅니다."

실옹이 말했다.

"그렇다면 강물과 바닷물은 물론이고, 사람과 만물의 모든 종류가 한 면에만 모여 살고 있느냐? 아니면 육면에 퍼져서 살고 있느냐?"

허자가 말했다.

"윗면에만 모두 모여 살고 있습니다. 왜냐하면 옆면에서는 옆으로 살 수 없고 아래 면에서는 거꾸로 살 수 없기 때문입니다."

그러자 실옹이 다시 물었다.

"그렇다면 옆으로 살 수가 없거나 거꾸로 살 수 없다는 것은 아래로 떨어지기 때문이 아니냐?"

허자가 대답했다.

"그렇습니다."

낡은 지식에 집착하는 자와는
함께 도를 논할 수 없고

허자의 말이 끝나자 마자 실옹이 다시 물었다.

"그렇다면, 사람과 미세한 만물도 항상 아래로 떨어지는데, 어찌하여 무거운 땅덩이는 아래로 떨어지지 않는 것이냐?"

허자가 자신있게 대답했다.

"그것은 땅덩이가 허공의 기氣에 실려 있기 때문입니다."

그러자 실옹은 거친 음성으로 말했다.

"군자는 도를 논하다가 이치가 딸리면 곧바로 승복하지만, 소인은 도를 논하다가 말이 딸리거나 하면 없는 말을 꾸며댄다. 물 위에 떠 있는 배가 비어 있으면 뜨고, 배가 꽉 차면 가라앉게 된다. 그런 이치로 본다면, 이른바 '기'라는 것은 본래 힘이 없는 것인데 어찌하여 큰 땅덩이를 실을 수 있다는 말이냐?

지금 그대는 과거에 들었던 낡은 지식에 집착하고 남을 이기려는 욕심에 경솔하게 입을 놀리며 남의 말이나 제압하려 하는데 도를 구하고자 하는 사람으로서 자세가 잘못된 것이 아니냐?

소요부邵堯夫(소옹)는 이치에 통달한 선비였다. 그런 그도 우주의 이치를 구하다가 이를 얻지 못하자 결국 '하늘은 땅에 의지하고 땅은 하늘에 의지한다.'고 하였다. 물론 땅이 하늘에 붙어 의지한다는 것은 그럴 만하지만 하늘이 땅에 의지한다는 말은 이치에 닿지 않는다. 끝없이 크고 넓은 태허(하늘)가 어찌 흙덩이 하나에 의지한단 말이냐?

또한 땅이 아래로 떨어지지 않고 떠 있는 것은 스스로 그러한 힘이 있어서 그런 것이지 하늘에 매달린 것이 아니다. 그런데 소요부는 이러한 이치까지 알지 못했으면서 마치 확신이 있는 듯 자신 있게 말하여 한세상을 속였으니, 이는 그가 스스로를 기만한 것이다."

실옹의 말이 끝나자 자신의 잘못을 깨달은 허자가 절을 하며 말했다.

"저의 잘못된 말이 감히 죄인지를 알지 못했습니다. 그렇지만, 새의 깃털이나 짐승의 털처럼 가벼운 것도 모두 아래로 떨어지는데 무거운 큰 땅덩이가 지금껏 떨어지지 않음은 무슨 까닭인지 여전히 모르겠습니다."

실옹이 대답했다.

"낡은 지식에 집착하는 자와는 함께 도를 이야기할 수 없고, 남을 이기려는 마음이 버릇이 된 자와는 함께 논쟁할 수 없구나. 그대가 진정으로 도를 듣고자 한다면 낡은 지식을 씻어버리고 이기려는 마음도 떨쳐버려야 할 것이다. 그대가 마음을 비우고 말을 신중하게 하면 내가 어찌 숨기는 것이 있겠느냐? 저 크고 넓은 태허에는 천지사방의 구분도 없는데 어찌 위와 아래 상하의 형세가 있겠느냐?

이번에는 그대가 한번 대답해 보아라. 그대의 발은 땅으로 떨어지는데 그대의 머리는 하늘로 떨어지지 않는 까닭은 왜인가?"

허자가 대답했다.

"그것은 위와 아래 상하의 형세가 그렇게 되어 있기 때문입니다."

실옹이 말했다.

"그렇다. 그럼 내가 그대에게 또 묻겠다. 그대의 가슴이 남쪽으로 떨어지지 않고 그대의 등이 북쪽으로 떨어지지 않으며, 왼쪽 어깨는 동쪽으로 떨어지지 않고 오른쪽 어깨는 서쪽으로 떨어지지 않는 것은 어째서이냐?"

허자가 웃으면서 말했다.

"이는 남북의 형세가 없고, 동서의 형세 또한 없기 때문입니다."

그제야 실옹이 웃으며 말했다.

"똑똑하구나. 이제야 너와 더불어 도를 이야기할 수 있겠다. 지금 땅과 해와 달과 별에 상하가 없는 것은 그대의 몸에 동서와 남북이 없는 것과 같은 것이다.

그런데 사람들은 땅이 아래로 떨어지지 않는 것은 이상하게 생각하면서 오로지 저 해와 달과 별이 떨어지지 않는 것은 전혀 이상하게 생각하지 않는 것은 어째서인가?

해와 달과 별은 하늘로 오르는 것 같지만 오르는 것이 아니며, 땅으로 떨어지는 것 같지만 떨어지는 것이 아니라 허공에 매달려 오래 머물러 있을 뿐이다. 하늘(태허)이 상하가 없는 것은 그 자취로 보아도 금방 드러나는 것인데 세상 사람들은 통념에 사로잡혀 있어 그 까닭을 찾아보려 하지 않는다. 진실로 그러한 근원을 찾아보면 땅이 떨어지지 않는 것은 의심할 여지가 없다.

무릇 땅덩이는 하루에 한 바퀴를 회전하는데, 땅 둘레는 9만 리이고 하루는 12시이다. 9만 리나 되는 거리를 12시간 만에 한 바퀴를 도니 그 운행 속도는 번개나 포탄만큼 빠르고 급하다. 땅이 이처럼 빠르게 돌기 때문에 허공의 기가 격하게 부딪치며 공중에 쌓여서 땅에 모이게 된다. 이리하여 상하의 세력이 생기게 되는데, 이

상하의 형세가 바로 지면 위의 끌어당기는 힘이며 땅에서 멀어지면 끌어당기는 힘도 없어진다.

또한 자석이 쇠를 끌어당기고 호박琥珀이 티끌을 끌어당기니, 본성이 같은 것끼리 서로 작용하는 것은 만물의 이치다. 그러므로 불꽃이 위로 올라가는 것은 해의 본성 때문이요, 바닷물이 밀려 들어오는 것은 달의 본성 때문이며, 온갖 만물이 아래로 떨어지는 것도 땅의 본성 때문이다.

지금 사람들이 지면 위에 상하의 형세가 있는 것을 보고 태허에 정해진 세력이 있다고 짐작하면서 땅을 둘러싸고 모이는 기운은 간파하지 못하니, 이 또한 좁은 소견이 아니더냐?"

이어서 실옹이 계속해서 말을 이었다.

"강물과 바닷물, 사람과 만물이 모두 한 면에 모여 살면서 중국이나 주변 국가의 수만 리 먼 곳이나 가까운 곳이 모두 고르게 평평해서 태산같이 높은 산이나 바다 너머 있는 여러 나라의 높은 곳에 올라 바라본다면 한 눈에 온 세상을 다 볼 수 있다고 하는데, 과연 그러하겠느냐?"

허자가 대답했다.

"일찍이 들어봤습니다. 제가 아는 바로는 사람의 시력에는 한계가 있어서 그런 것이 아닌가 싶은데, 이치로 보아 혹 그럴 수 있지 않겠습니까."

이에 실옹이 말했다.

"사람의 시력이란 원래 한계가 있다. 그렇지만, 바다에서 보면 해와 달이 바다에서 나왔다가 바다로 들어가는 것처럼 보이고, 들에서 바라보면 해와 달이 들에서 나왔다가 들로 들어가는 것처럼 보인다. 하늘은 바다와 들에 접해 있어서 가리는 바가 없으니, '시력에 한계가 있다'는 말은 틀린 말이다."

실옹이 계속해서 말을 이어 나갔다.

"땅의 측량은 하늘의 측정을 기준으로 하는데, 하늘의 측정은 남북 양극을 기준으로 한다. 하늘을 측량하는 법에는 경도와 위도가 있다. 선을 내려뜨려 그 선 위를 곧바로 올려다 본 것을 천정天頂이라 하고, 천정이 북극으로부터 떨어진 각거리를 '위도 몇도'라 한다.

지금 중국은 북쪽으로 악라鄂羅(러시아)와 남쪽으로 진랍眞臘(캄보디아)까지 수로와 육로로 통하고 있다. 악라의 천정은 북극에서 20도 떨어져 있고, 진랍의 천정은 남극에서 60도 떨어져 있다. 두 천정 사이의 각거리는 90도이며, 두 지역 간의 거리는 2만 2천5백리 떨어져 있다. 이 때문에 악라 사람들은 악라를 정계正界(똑바른 세계)로 여기고 진랍을 횡계橫界(옆으로 누운 세계)로 여기며, 진랍 사람들은 진랍을 정계로 여기고 악라를 횡계로 여긴다.

또한 중국과 서양은 경도 차이가 180도에 이르는데, 중국 사람들은 중국을 정계로 서양을 도계倒界(뒤집어진 세계)로 여기며, 서양 사람들은 서양을 정계로 중국을 도계로 여긴다. 그러나 그 실상은 '하늘을 이고 땅을 밟고 있는 것'으로 지역에 따라 그러할 뿐이니, 횡계도 아닌 도계도 아닌 모두가 똑같은 정계일 뿐이다.

　세상 사람들이 낡은 옛 상식에 안주하여 더 이상 공부하고 않고 습관처럼 이치가 눈앞에 있는데도 일찍이 연구하여 찾아보지 않았기 때문에 일평생을 '하늘을 이고 땅을 밟고' 있으면서도 그 실정에 대해선 어두웠다. 오직 서양에서만 지혜와 기술이 정밀하고 상세해서 측량술이 모두 해박하고 상세하게 갖추어졌다. 이로 볼 때 땅이 둥글다고 하는 '지구설'은 다시 의심할 여지가 없다."

땅은 회전한다

허자가 말했다.

"지구의 형체와 상하의 형세에 대해서 삼가 가르침을 들었습니다. 그럼 다시 감히 묻겠습니다. 지구의 회전이 그처럼 빠르고, 허공 중의 부딪치는 기운이 그처럼 격렬하다면 그 힘이 몹시 사납고 맹렬할 것인데, 사람이나 만물이 쓰러지거나 넘어지지 않는 것은 왜 그런 것인지요?"

이에 실옹이 대답했다.

"만물은 생겨날 때는 모두 기氣라는 것이 있어 그것이 몸체를 싸고 있기 때문이다. 만물의 크기에 따라 둘러 싸고 있는 기의 두께도 다른데 마치 새 알의 노른자에 흰자가 붙어 있는 것과 같다.

지구가 이미 크다면 둘러 싼 기, 즉 '포기抱氣' 또한 두터워 삼태

기 바구니처럼 얽혀 하나의 둥근 공 모양을 이루면서 허공에서 돈다. 이것이 '허기虛氣'와 서로 맷돌처럼 갈며 돌아가는데, 두 개의 기가 만나는 지점에서 격하게 부딪쳐 쏠리는 것이 마치 폭풍과 같이 빠르다. 이를 도교 술사들이 '강풍罡風', 즉 세찬 바람이라 하여 하늘 높은 곳에서 부는 바람이라고 여겼다. 이곳을 벗어나면 넓고 깨끗하고 고요하다. 이렇게 허기와 포기의 두 기가 서로 부딪쳐 땅 안쪽으로 모여드는데, 마치 강물이 낭떨어지에 떨어져 소용돌이치듯 '회보匯洑'가 만들어지는 것과 같다.

상하의 형세는 이렇게 만들어지는 것이다. 마치 새가 멀리 날고 구름이 퍼졌다 뭉쳐졌다 하듯이, 물고기와 용이 물에서 놀고 쉬는 땅으로 다니듯이, 안으로 모여진 기氣에 잠겨 헤엄치는 것들은 넘어지거나 쓰러질 염려를 할 필요가 없다. 하물며 지면에 붙어 있는 사람과 만물에게 말해 무엇하겠느냐?

게다가 너는 생각이 깊지 못하구나. 지구가 회전하는 것과 하늘이 운행하는 것은 그 형세가 같은 것이다. 만약 지면 위에 쌓인 기氣가 폭풍보다 더 맹렬하게 사납다면 사람과 만물이 넘어지고 쓰러짐이 갑절은 더 심할 것이다. 예를 들어 맷돌에 붙은 개미가 빠르게 도는 것을 깨닫지 못하는 것처럼 바람을 만나 넘어지면서 하늘이 운행하는 것을 이상하게 여기지 않고 오히려 지구가 도는 것을 의심하는 것은 너무도 짧은 소견이다."

허자가 물었다.

"비록 그러하더라도 정밀하고 세밀하기로 유명한 서양인들도 이미 오래 전에 '하늘은 돌고 땅은 정지해 있다.'고 했고, 일찍이 중국의 성인이신 공자께서도 역시 '하늘의 운행은 굳세다.'고 하셨습니다. 그렇다면 그러한 말들이 모두 틀린 것입니까?"

실옹이 답했다.

"허허 좋은 질문이로다. 백성은 이치대로 따르게 할 수는 있어도 이치를 알게 할 수는 없다고 했다. 또 군자는 세상의 눈높이에 맞추어 백성들을 교화하고, 지혜로운 자는 순리에 맞게 자기 주장을 내세운다고 했다. '땅은 정지해 있고 하늘이 도는 것'은 사람들의 일반 상식인데, 백성이 그렇게 생각하더라도 해로울 것이 없고, 역법을 계산하여 책력을 만드는 데도 크게 어긋난 것이 없었다. 그러니 이것으로 백성을 다스린다 해도 별 문제가 없지 않겠느냐?

중국 송나라 장재라는 사람이 이런 의미로 조금 추론한 바가 있고, 서양인들도 역시 배가 움직이는지 해안이 움직이는지의 비유를 들어 분명하게 추론했다. 그렇지만, 측후에 있어서는 땅은 정지해 있고 하늘이 운행한다는 '천운설天運說(천동설)'을 사용했는데, 이는 추보推步(역 계산)하기에 간편했기 때문이었다.

하늘이 운행하는 것과 땅이 회전하는 것은 그 형세가 같은 것이어서 일일이 나눠서 설명할 필요가 없다. 단지 9만 리 되는 땅이 한 바퀴 도는 일주운동만으로도 이처럼 폭풍같이 빠른데, 저 수많은 별들은 지구로부터 겨우 반지름 정도밖에 떨어져 있지 않지만,

실제로는 몇천 몇만 몇억만 리 떨어졌는지 알 수 없다. 하물며 그 별들의 바깥에 또 별들이 무한한 우주 공간에 무한히 있으니 그 별들의 한 바퀴 일주 거리는 헤아릴 수가 없다. 하루 동안에 회전하는 빠른 속도를 생각하면 번개나 포탄의 빠름으로도 여기에 견주지 못한다. 이는 뛰어난 역법 계산으로도 할 수 없으며, 지극히 말잘하는 자도 능히 설명할 수 없는 것이다. 땅은 정지해 있고 하늘이 운행한다는 주장이 이치에 맞지 않음은 여러 말이 필요하지 않다."

우주의 중심은 지구가 아니다

이번에는 실옹이 허자에게 다시 물었다.

"세상 사람들이 말하는 천지론에 지계地界(지구의 세계)가 공계空界(우주)의 중심이 되며, 삼광三光(해와 달과 별)이 둘러싸고 있다고 말하지 않더냐?"

허자가 답했다.

"칠정七政(일월오성)이 땅을 둘러싸고 있음은 천문을 관측하여 드러난 근거가 있으니 지구가 한가운데임은 의심할 여지가 없다고 생각합니다."

실옹이 말했다.

"그렇지 않다. 하늘에 가득한 별들치고 하나의 세계가 아닌 것

의산문답　45

이 없으니, '저 별들의 세계로부터 본다면 지구 역시 하나의 별이다. 헤아릴 수 없는 수많은 별의 세계가 이 우주에 흩어져 있는데, 오직 이 지구만이 우주의 중심에 있다는 것은 있을 수 없는 일이다.

그러므로 모든 별은 모두 하나의 세계가 아닌 것이 없고 회전하지 않는 것이 없다. 다른 별에서 보면 지구에서 보는 것과 마찬가지로 각기 스스로 중심이라 생각할 것이니 나머지 다른 별들은 주변에 있는 뭇 세계가 될 것이다.

만약 칠정이 지구를 둘러싸고 있는 것이 진실로 그러하다면 지구가 칠정의 중심이라고 할 수 있으나, 지구가 뭇별의 중심이라는 것은 우물 안에 앉아서 하늘을 보는 것과 같은 좁은 소견이다.

그러므로 칠정은 수레바퀴처럼 자전하면서 연자방아를 돌리는 나귀처럼 지구를 공전한다. 지구에서 보면 지구에 가까워서 크게 보이는 것을 해와 달이라 하고, 지구에서 멀리 떨어져 있어 작게 보이는 것을 오성(금성·수성·목성·화성·토성)이라 부르지만, 그 실상은 모두 별의 세계이다.

무릇 다섯 위성은 태양을 둘러싸고 있고 태양과 달은 지구를 중심으로 둘러싸고 있다. 금성과 수성은 태양에 가까우므로 지구와 달은 수성과 금성의 궤도 바깥에 있다. 화성과 목성, 토성은 태양에서 멀리 떨어져 있기 때문에 지구와 달이 화성, 목성, 토성의 궤도 안쪽에 있게 된다.

금성과 수성 사이에는 수십 개의 작은 별이 있는데 이들 모두 태양을 중심으로 하고 있다. 화성, 목성, 토성의 옆에는 4-5개의 작은 별이 있는데, 각각 화성과 목성, 토성을 중심에 두고 있다. 지구에서 보는 것이 이와 같다면 각각 다른 별에서 보는 것도 이로 미루어 짐작할 수 있다.

그러므로 지구가 해와 달의 중심은 될지언정, 금성·수성·목성·화성·토성의 중심은 될 수 없다. 또한 태양이 금성·수성·목성·화성·토성의 중심은 될지언정 뭇 별의 중심은 될 수 없다. 태양도 중심이 될 수 없는데 하물며 지구가 그럴 수 있겠느냐?"

우주는 무한한 세계다

허자가 말했다.

"지구가 우주의 중심이 아니라는 가르침은 잘 들었습니다. 그러면 은하는 어떤 세계인지 감히 여쭤봅니다."

실옹이 말했다.

"은하란 수많은 별 세계가 모여서 하나의 세계를 이룬 것으로 우주 공간에서 두루 돌며 큰 고리를 이룬 것이다. 이 고리 안에 수만 개나 되는 많은 별 세계가 있다. 태양계와 지구 등 여러 세계도 그중의 하나일뿐 은하는 '태허'(우주 전체) 안에서 가장 큰 세계다.

그러나 이것은 지구에서 볼 때 그럴 뿐, 지구에서 보이는 것 외에도 은하계와 같은 것이 몇천만억 개일지 알 수 없다. 나의 자그마한 눈으로 경솔하게 은하가 가장 큰 세계라고 말할 수는 없다.

은하계에는 밝은 세계[明界], 어두운 세계[暗界], 따뜻한 세계[溫界], 추운 세계[冷界]가 있다. 밝은 세계에 가까운 것은 빛을 받아서 밝고, 따뜻한 세계에 가까운 것은 온기를 받아서 따뜻해진 것이다. 밝고 따뜻한 세계로는 태양계를 들 수 있다. 어둡고 추운 세계는 지구와 달의 세계이다. 어둡고 추웠는데 밝고 따뜻하게 된 세계는 지구와 달이니, 태양에 가까워서 그 빛의 따뜻함을 받았기 때문이다."

허자가 말했다.

"선생의 말씀대로 뭇 별들이 모두 제각기 하나의 세계를 이룬다면 각 세계의 형색과 실정을 모두 들어 볼 수 있겠습니까?"

실옹이 웃으면서 말했다.

"소옹이라는 사람은 천지가 개벽한다고 했는데 일원一元인 12만 9천6백 년을 개벽의 주기라 주장하고 스스로 크게 통찰했다고 여겼다. 세상 사람들 또한 대단한 통찰이라 여겼는데, 너는 어떻게 생각하느냐?"

허자가 말했다.

"개벽에 대한 주기는 들어는 보았지만, 그 이치는 믿지 못하겠습니다."

실옹이 말했다.

"그렇다. 만물 중에 형체와 질質이 있는 것은 끝내 반드시 파괴되어 없어지는 법이다. 모든 것은 엉키서 물질을 이루고 녹아서 기氣로 돌아간다. 지구도 생겨남이 있으면 언젠가 없어진다는 것은 그 이치로 보아 당연하다. 그러나 하늘이란 것은 텅 빈 허기虛氣여서 한없이 크고 넓게 퍼져 있고 형체도 조짐도 없는데 어떻게 열리고 어떻게 닫힌다는 것인가? 그러므로 소옹의 천지개벽의 주기는 너무 생각없이 한 말이다.

무릇 인간이 이 세상에 나온 것을 1원一元으로 따져 계산한다 해도 몇천 몇만 몇억 년인지 알 수가 없다. 또 다른 각각의 세계를 두루 돌아다니면서 생성되었다가 소멸되고 열리었다가 닫아진 것을 본다 해도 또 몇천 몇만 몇억 년인지 알 수가 없다. 우리보다 앞선 시간이 몇천 몇만 몇억 년인지를 알 수 없고 우리 뒤에 또 몇천 몇만 몇억 년의 시간이 지날 지 알 수 없으리라!

그러므로 각 세계의 모양과 실정을 너 역시 알 수가 없고 또 알 필요도 없으며, 나 또한 말할 수 있는 바가 아니고 또한 말할 필요도 없는 것이다. 혹 말한다 하더라도 네가 틀림없이 놀라고 의심하여 믿지도 않을 것이니, 이제 네가 아는 범위 안에서 알 만한 것을 말해 보도록 하겠다."

태양과 달, 지구의 세계에 대해 말하다

실옹이 이어서 말했다.

"태양은 지구보다 몇 배나 크고 그 바탕[質]은 불이며 빛깔은 붉다. 바탕이 불이기 때문에 성질이 따뜻하고, 빛깔이 붉기 때문에 그 빛이 밝다. 불꽃이 사방으로 퍼지는데, 멀수록 점점 약해지지만 그 거리는 수천만 리까지 다다른다.

태양계에서 생겨난 것들은 순수한 불의 기운을 선천적으로 받아 몸체가 밝고 명랑하며, 성질은 강렬하고 지혜는 빛나고 환하며 그 기운은 날아오른다. 낮과 밤의 구분도 없고 겨울과 여름의 기후 변화도 없다. 오래전부터 불의 세계에 살아서 뜨거움을 지각하지 못한다.

달은 크기가 작아 지구의 30분의 1밖에 되지 않는다. 그 바탕은 얼음이고, 빛깔은 맑다. 바탕이 얼음이기 때문에 그 성질이 차갑고 색이 맑은 까닭에 햇빛을 반사해서 빛을 낸다. 태양에서 멀어지면 응결해서 거울처럼 텅 비고 밝으며 태양에서 가까우면 녹아서 바다와 같이 넓다.

달의 세계에서 생겨난 것들은 순수한 얼음을 선천적으로 타고났기 때문에 몸체가 물처럼 맑고 그 성질이 깨끗하며, 지혜가 밝으며 그 기운은 가벼워 뜬다. 낮과 밤의 구분이 있고 겨울과 여름의 기후 변화는 지구의 세계와 같다. 달은 오래전부터 얼음의 세계에서 살아왔기 때문에 그 차가움을 지각하지 못한다.

지구는 칠정(태양과 달, 금성·수성·목성·화성·토성)의 찌꺼기로 그 바탕은 얼음과 흙이고 그 빛깔은 어둡고 탁하다. 바탕이 얼음과 흙으로 된 까닭에 성질이 차가우며, 빛깔이 어둡고 탁해서 햇빛에 반사하는 빛이 적다. 태양에 가까우면 따뜻함을 받아 흙이 기름지고 얼음이 녹는다.

지구의 세계에서 생겨난 것들은 몸체가 난잡하고 성질이 조잡하며, 지혜가 어리석고 우매하며 기운이 둔하고 막혔다. 태양이 비치면 낮이 되고 태양이 지면 밤이 된다. 태양이 가까워지면 여름이 되고 태양이 멀어지면 겨울이 된다. 태양의 불꽃이 이글거려서 뭇 생명체를 낳고 기르며 형체가 교접하여 태아가 태어나 인간과 만물이 번성한다. 신령스러운 지혜는 날로 줄어들고 잔꾀만 늘어나며, 이익을 탐하는 욕심이 넘쳐 나 삶과 죽음도 아랑곳하지 않으니, 이것이 지구 세계의 실정으로 네가 알고 있는 바일 것이다."

허자가 말했다.

"태양의 세계에 사는 것은 불에 사는 화서火鼠(불쥐)와 같고, 달의 세계에 사는 것은 물에 사는 수족水族과 같으므로 그 이치가 그럴 듯합니다. 그런데 해와 달 두 세계의 생물들이 서로 통해서 왔다 갔다 다닐 수 있는지 감히 여쭈어보고자 합니다?"

실옹이 말했다.

"이 무슨 어리석은 말이냐. 육지에 사는 것은 물에 들어가면 숨이 막혀 죽고, 물에 사는 것은 육지로 나오면 숨차서 죽는다. 남쪽 사람은 추위를 견디지 못하고 북쪽 사람은 더위를 견디지 못한다. 이처럼 같은 세계에서도 서로 통하지 못하는데 각각 다른 세계에서 태어나 형체와 기질이 물과 불처럼 완전하게 다른 것들에서랴. 물과 불이 같은 그릇에 담기는 이치가 어디에 있겠느냐?"

허자가 말했다.

"저는 혼탁한 세계에서 태어나 사는 보잘것없는 사람으로 선생의 말씀을 듣고 비로소 태허太虛 안에 이러한 뭇 세계가 있다는 것을 처음 알았습니다. 저야말로 신통한 힘을 입어 저 구소九霄(하늘 제일 높은 곳)에 올라가 태허를 두루두루 돌아다니며 놀기를 원했는데, 선생의 말처럼 지금 태양과 달의 세계와도 서로 통할 수 없다하니 저는 이 혼탁한 세계에서의 찰나의 생을 끝까지 벗어나지 못하겠습니다."

실옹이 웃으면서 말했다.

"허허허…. 네가 과연 저 구천으로 오르고 싶다면 술법이 없음을 걱정할 필요가 없다. 대개 연못의 물고기가 용이 되고 바다의 곤어鯤魚가 붕새[鵬, 하루에 9만리를 나는 봉황과 비슷한 새]로 변하며, 흙 속의 굼벵이도 매미가 되고, 들의 누에도 나비로 변한다. 사람의 신령한 재주로 어찌 술법이 없음을 걱정하겠느냐?

도가에서 말하는 10년 동안 태식胎息(연단법의 일종)하면 단丹이 이루어지고 껍질이 벗겨지며, 몸이 영험하게 변해 구름 위 하늘로도 올라간다. 불에 들어가도 타지 않고 물에 들어가도 젖지 않으며 뭇 세계에 노닐면서 맑고 상쾌함을 길이 길이 누리게 될 것이다. 너도 진정 그렇게 되고 싶으냐?"

허자가 답했다.

"그것은 세속에서 말하는 신선술입니다. 제가 들어보긴 했지만 감히 믿지는 않았는데 만약 이러한 술법이 있다면 헌신짝 버리듯 아내와 자식을 버리겠습니다."

이 말을 들은 실옹이 노여워하며 언성을 높였다.

"나는 너를 가르칠 만하다고 여겼는데, 어리석고 막힌 소견을 깨우쳐주기가 어렵고, 이욕에 물든 마음을 깨끗이 하기가 이토록 어려운 것이냐? 저 태식과 연단의 술법은 사실 이치가 있고 그것을 이뤄낸 사람도 있다. 그렇다 하더라도 그래봐야 길어야 만 년을 살고 짧으면 천 년을 살 수 있을 뿐, 끝내는 소멸할 것이니 이 역시 무슨 소용이 있겠느냐?

사람이 한 세상을 살면서 욕심은 끝이 없는 것이다. 화려한 집, 아름다운 여자, 높은 지위와 빛나는 권세, 진귀한 물건과 괴이한 볼거리 따위는 모든 사람이 원하는 바이다. 그중에서도 영리하고 교활한 자는 그 지위를 잃을까 염려하고 남들에게 비난당할까 괴로워하며, 갑작스레 화가 닥칠까 근심한다. 하지만 마음대로 신선이 될 수 없다는 것을 알면 곧 자신의 몸을 맑게 수련하는 척하며 속세 밖에서 욕심을 이루려고 하여 천년만년이 지나도록 쾌락을 누리며 살기를 도모한다.

신선이 되면 정신과 생각이 고요하고 아득하게 깊어져 뭇 세계에 두루 노니는 경지에 도달하게 된다. 희로애락과 같은 속세의 감정이 영원히 없어져 귀가 있어도 안들은 것 같고 눈이 있어도 보지 않는 것 같다. 세속의 감정에서 본다면 하나도 즐거운 일이 없는 것이다.

그런데 중생들은 하늘을 날고 속세를 초월하는 것을 보고 신선은 용과 바람을 일으키고 신선들을 불러 모아 별천지에서 한가로이 놀면서 모든 쾌락을 갖추었다고 망령되게 생각하니 이 역시 어리석지 아니한가?

무릇 신선술의 요지는 인위가 아닌 자연 그대로의 무위無爲에 있을 뿐이므로, 마음이 편안하며 고요하고 흔들림이 없다. 쾌락을 탐하는 속된 생각이 마음속에 하나라도 싹튼다면 몸의 원기가 흩어지고 법신法身이 타락하게 되는 것이다. 만약 속세에서 신선이 되고 싶은 자에게 이와 같은 경지에 있게 한다면 반드시 그 적막하고 고요함을 싫어하고, 단순하고 담백함을 괴로워하며 잠시라도 신선의 세계에 머무르고 싶어 하지 않을 것이다.

또한 세상에는 남을 어지럽게 속이는 술법을 가진 자들이 있어 자신을 신선이라 칭하면서 여기 번뜩 저기 번뜩하는 기괴한 짓으로 어리석은 세상 사람들을 농락하니 어리석은 사람들의 망령된 생각은 사실 여기에서 비롯된 것이다.

무릇 참된 신선은 아주 가볍게 세상을 등지고 친척의 은혜와 의리를 잊으며 고향의 향수도 끊어버리거늘, 하물며 혼탁한 세상에 냄새나고 더러운 것은 가까이 하지도 않는다. 그런데 어찌 스스로 자신의 몸을 욕되게 하면서 뜻을 굽히고 술법을 써서 세상을 놀라게 하며, 자기의 신분을 다 드러내서 스스로의 죄과罪過를 짓겠느냐? 세상의 어리석고 혼란스러움이 너무도 심하구나!

신선의 경지에 오른 자들은 미혹되지도 욕심내지도 않으며 참된 원기를 보전하지만, 그것도 만년이나 천년을 지낸 뒤에는 결국 다 없어지고 만다. 결국에는 길고 빠름의 구별도 없이 모두가 부싯돌의 불이요, 물거품이요, 환상과 같으니 실상은 요절하는 자와 같은 것이다.

그런 소원을 일으킨 마음을 캐보면 실은 자신의 이익을 얻기 위한 마음에서 나온 것으로 결국엔 아무런 이익이 없는 것이다. 그 생각이 영악함에서 비롯되었으나 실상은 졸렬하고, 잔꾀스러우며 실상은 어리석은 것이다. 너는 내게 도道를 배우고자 하면서 어리석게도 신선이 되기를 소원하니 이 또한 잘못된 것이 아니냐?"

허자가 깜짝 놀라며 깨닫고는 웃으면서 말했다.

"제가 잘못했습니다. 감히 여쭈옵건대, 모든 세계는 다 회전하고 또한 다른 세계를 둘러 싸고 돕니다. 그런데 오직 이 지구만이 스스로 자전할 뿐 공전하지 않는 것은 무슨 이유입니까?"

실옹이 답했다.

"여러 별들의 세계는 생성되면서 몸체가 가볍거나 무거운 것이 있고, 성질이 둔하거나 빠른 것이 있다. 가볍고 빠른 것은 자전하면서 공전할 수 있으나, 무겁고 둔한 것은 자전하지만 공전하지는 못한다.

가벼우면서 빨리 도는 것은 공전의 궤도가 크니, 화성이나 목성, 토성이 그에 해당되고, 무겁고 둔하게 도는 것은 공전궤도가 한군데 붙박여 있으니 지구가 그에 해당된다. 가벼운 세계에서 사는 생명체들은 비어서 신령스럽고, 무거운 세계의 생명체들은 꽉 차면서 정체되어 있다."

허자가 다시 질문했다.

"그렇다면 다섯 위성은 오행五行의 정수이고, 항성은 뭇 만물의 표상인데 아래로 지구 세계에 감응해서 재앙이나 혹은 상서로운 징조를 나타내는 것은 왜 그렇습니까?”

실옹이 말했다.

“다섯 위성에는 각각의 덕성이 있다. 그 덕성을 쇠·나무·물·불·흙과 같은 오행에 분속시킨 것은 술법을 부리는 자들의 좁은 소견이다.

또 지구에서 보면 많은 별들이 서로 이어져 보이는 것이 마치 다닥다닥 떼를 지어 모여 있는 묘수昴宿처럼 보인다. 그러나 실상은 수십 개의 점처럼 보이는 별들의 높고 낮음과 멀고 가까운 거리는 천만리도 넘는다. 따라서 저 세계에서 보면 해와 달, 지구 세 점은 꿴 구슬처럼 빛날 것이다. 지금 해와 달, 지구를 합쳐서 하나로 이루었다고 치면 이것을 '삼성三星'이라고 이름 붙여도 괜찮겠느냐?

오직 역상曆象(천문학)의 천체 운행을 계산하는 법은 별자리의 궁도宮度(천구상에서 별자리의 도수)에 바탕을 둔 것인데, 별 이름은 역산가들이 편의상 정한 것이다. 이에 견강부회해서 세속의 일에 비유하며 술가들의 무기로 전용하였으니, 지리멸렬하고 허망한 것이 '분야설分野說(중국 땅을 하늘의 28수 별자리에 배당한 이론)에서 극에 달하였다.

무릇 이 지구를 태허太虛에 비교한다면 미세한 티끌에 불과하고, 저 중국을 지구 세계에 비교한다면 수십 분의 일에 지나지 않는다. 지구 세계를 둘러 싼 전체 지역을 나누어 별자리에 배당하는 것은 이론적으로는 혹 가능할 수 있으나, 지구 한쪽의 구주(중국)九州의 구역만으로 뭇 별의 세계에 억지로 배당하고 견강부회해서 재앙과 상서를 점치는 것은 망령되고 또 망령됨이 말할 것도 없다."

허자가 말했다.

"그렇지만 분야설이 전해 내려온 지 이미 오래되었고 간혹 분명한 징험도 있었습니다. 때에 맞춰 부는 바람과 비, 그리고 형혹성熒惑星(화성)이 심수心宿를 지키는 것 등이 그러합니다. 무릇 이러한 천문 현상을 지상의 인간사와 부응하는 것이 모두 믿을 것이 못됩니까?"

실옹이 말했다.

"입이 여럿이면 쇠도 녹이고 헐뜯고 욕하는 비방이 쌓이면 뼈도 녹인다 했다. 물론 입이 쇠를 녹일 수 없고 비방이 뼈를 녹일 수 없지만, 그런데도 쇠를 녹이고 뼈를 녹일 수 있는 것은 사람이 여럿이면 하늘도 이길 수 있기 때문이다.

기교나 술법이 비록 망령되도 사람의 마음속에 깊게 사무쳐서 믿음이 극에 달하여 의지하게 되면 간혹 그런 일이 일어난 것 같은 징험을 하기도 한다. 그러나 이것은 허공 중의 헛된 환상을 잡는 것이다. 환상에 현혹되어 실상은 살피지 않으니 미혹됨이 심한 것이다. 또 28수 별자리 중에서 '기성이 나타나면 바람이 일고, 필성이 나타나면 비가 온다.'는 말은 두 별이 진실로 이와 같은 말을 끌어다가 민정民情을 밝힌 것뿐이요, 기성과 필성 두 별이 정말 이와 같은 영향을 끼칠 수 있는 것은 아니다.

 '형혹(화성)'의 운행이 때때로 둘러싸고 돌고 머물다가 나아가고 물러서는 것과 같은 것은 지구에서 본 관점이다. '하늘이 높아도 낮은 것의 말을 듣는다.'는 식으로 천문가들이 말하는 것은 잘못된 것이다."

달에 대한 이야기

허자가 말했다.

"달 가운데 밝고 어두운 부분을 일러 혹자는 물과 흙이라 하고 혹자는 '땅의 그림자'라 하는데, 이에 대한 말씀을 듣고 싶습니다."

실옹이 말했다.

"내가 실상을 말해 주면 너는 나의 말만 믿을 터이니, 너의 소견에 따라 네가 본 바에 근거하여 너의 생각을 열어 주도록 하겠다.

무릇 항간에서 말하는 '계수나무와 토끼' 이야기는 달이 동쪽에서 올라올 때 보이는 형상이다. 만약 그것이 물과 흙이라면 달이 중천에 떴을 때는 그 형상이 반드시 가로로 눕고, 달이 서쪽으로 떨어질 때는 그 형상이 반드시 거꾸로 될 것이다. 그런데 지금 달의 운행에 따라서 변하되 눕지도 뒤집어지지도 않은 채 각각의 형상으로 변화하니 달이 세 곳에서 머문 형상은 옛날부터 한결같은 것이다.

또한 반달을 보면, 마땅히 절반만 보여야 마땅할 텐데 단지 줄어들어 좁아졌을 뿐 전체의 형태를 모두 갖추고 있다. 그러므로 물과 흙이라는 수토설은 맞는 듯 보여도 사실은 잘못된 것이다. 무릇 달의 몸체는 거울과 같아서 지구 반쪽 면의 밝은 빛을 따라 투영한다. 동쪽으로 올라올 때의 그림자는 지구 동쪽의 반쪽 면이고, 중천에 있을 때의 그림자는 지구 가운데 반쪽 면이며, 서쪽으로 떨어질 때의 그림자는 지구 서쪽의 반쪽 면이다. 그러니 달의 밝고 어두운 부분이 지구의 그림자라는 이른바 지영설이 옳지 않겠느냐?"

허자가 말했다.

"감히 여쭙건대 하늘에 두 극極이 있다는데 이것이 무엇인지요?"

실옹이 말했다.

"지구에 사는 사람은 지구가 도는 줄을 모르고 하늘에 두 개의 극이 있다고 말하는데, 사실은 하늘의 극이 아니라 곧 지구의 극이다. 무릇 사물이 회전하는 운동은 허와 실이 있어 몸체 이외에 빈 세계가 있기 때문에 가능한 것이다.

지금 저 하늘은 몸체가 지극히 허하고 그 성질은 고요하며 그 크기는 무한하고 꼭 차서 빈틈이 없다. 그러니 비록 회전운동을 하려 해도 할 수 있겠느냐?

　　다만 오직 뭇 별 세계만은 각자의 회전운동을 하는데, 세차론歲次論은 이것에서 나온 것이다. 그러나 별들의 도는 운동의 기세는 각각 느리고 빠름이 있고 남북과 동서로의 움직임이 일정하지 않다. 다만 지구로부터 거리가 너무 멀어 시차視差가 아주 작을 뿐이다. 수시로 그린 천문 도상圖象이 시대에 따라 달라 옛 것을 살펴보아도 그 근거가 없는데 사람들이 스스로 깨닫지 못할 뿐이다."

유성과 혜성에 대해 말하다

허자가 말했다.

"감히 여쭙건대 불길한 별이라고 하는 유성, 요성, 혜성, 패성들은 어떠한 기氣로 생기는 것입니까?"

실옹이 말했다.

"이것은 한가지 요인으로 생겨나는 것이 아니다. 허공 중에서 엉키어 어루어진 것도 있고 각기 세계의 기가 서로 마찰되어 이루어진 것도 있으며, 어떤 세계가 녹고 남은 기가 떠돌아다니며 형성된 것도 있다. 이와 같이 모두 각각 그 이유가 있어서 생기는 것이다.

오직 사람과 지구의 기가 지극히 조화로울 때 형성된 것이 상서로운 별 즉 경성慶星이며, 사람과 지구의 기가 그 떳떳함을 잃어서 형성된 것이 재앙의 별인 혜성과 패성과 같은 것이다."

허자가 말했다.

"태백(금성)이 대낮에 보이는 것은 번쩍거리는 기운이 왕성하기 때문입니다. 그렇다면 이와 같이 뭇 별들의 기가 쇠하고 왕성할 때가 있는지 감히 여쭤봅니다."

실옹이 말했다,

"태백이 태양을 둘러싸고 도는데 그 궤도의 반은 태양의 바깥에 있고 반은 태양 안쪽에 있다. 바깥에 있는 것은 지구에서 멀고 안쪽에 있는 것은 지구에서 가깝다. 또 태백은 광채가 없어 햇빛을 받아 밝게 보이게 되는데, 그믐과 보름이 생기는 것이 달과 같다. 지구에 가까워져서 밝은 빛이 아래에 가득 차 보이는 것은 빛이 지구보다 왕성하여 해가 능히 가리지 못해서 그런 것이지 태백 자체가 쇠하고 왕성해서 그런 것이 아니다."

일식과 월식, 그리고 음양의 조화

허자가 말했다.

"일식은 음이 양을 저지하는 것이고, 월식은 양이 음을 저지하는 것이라 합니다. 정치가 잘 다스려지는 세상에는 일식 때가 와도 일식이 일어나지 않고 월식 때가 와도 월식이 일어나지 않는다고 하는데, 과연 그런 이치가 있는지요?"

실옹이 말했다.

"음양론의 이치와 의리에 얽매어 천도天道를 살피지 않은 것은 선대 유학자들의 허물이다. 무릇 달이 해를 가리면 일식이 일어나고 지구가 달을 가리면 월식이 일어난다. 경도와 위도가 같고 해와 달, 지구가 일직선 상에 위치해서 서로 가려져서 일식과 월식이 생기는 것이 천체 운행의 항상된 이치이다.

또한 해는 지구에게 먹히고 지구는 달에게 먹히며, 달은 지구에게 먹히고 해는 달에게 먹히는 것이 삼계, 즉 지구와 해와 달의 상도이지 지구 세계의 정치와는 아무런 관계가 없는 것이다.

비록 그러하나 해가 지면 밤이 되는 것 역시 해의 변고이니, 낮에 행해야 하는 도리를 밤에 행하게 된다면 세상이 어지럽게 되는 것이다. 일식의 재변 또한 이와 같으니, 재변을 당해 수양하고 반성하는 것은 사람이 해야 할 당연한 일인 것이다."

자연현상에 대해 말하다

허자가 말했다.

"바람과 구름, 비와 눈, 서리와 우박, 우레와 무지개 등, 무릇 천지 자연의 변화에 대하여 자세히 들을 수 있겠습니까?"

실옹이 말했다.

"텅 비어 있는 '허虛'란 곧 하늘이다. 그러므로 우물과 구덩이의 빈 곳이나, 단지와 항아리의 빈 공간 역시 하늘이다. 무릇 바람이나 구름 따위는 모두 허에서 나왔다 하여 도道라고 이르지만 실은 땅의 기 즉, 지기地氣가 증발하여 생긴 것이지, 하늘에서만 비롯된 것은 아니다.

내가 시험삼아 말해 보겠다.

바람이란 지구의 한 모퉁이에서 생겨난다. 지구가 회전하면

산봉우리 높은 곳과 깊은 골짜기가 부딪쳐 오르거나 심하게 흔들리지 않을 수 없다. 그런 까닭에 허한 기氣가 나부끼고 출렁거려 사방으로 나와 바람이 되는 것이다.

허한 기의 부딪힘이 빠르면 바람이 사납고 부딪힘이 느리면 바람이 조용하다. 부딪힘에 가까우면 바람의 세력이 크고 멀면 세력이 미약하다. 일단 한번 부딪혀 오른 후에는 서로 충돌해 동서남북 할 것 없이 멋대로 몰아친다. 또 이무기와 용이 날아오르면 우레와 소낙비가 갑자기 쏟아지는데, 이를 선동하고 호령하는 것이 모두 지면地面에서 일어난다. 이것이 지면에서 수백 리 높이 떨어지면 바람이 일어나지 않게 된다.

다음으로 구름이란 산천의 기가 올라가 응결해서 형체를 이룬 것이다. 그 색은 본래 맑은데, 햇빛을 받아서 여러 가지의 색을 띤다. 한낮에 흰 빛이 많은 까닭은 햇빛을 바로 받기 때문이고, 검은 것은 두껍게 쌓여 그늘졌기 때문이다. 아침저녁으로 붉고 보랏빛이 많은 것은 땅의 기운이 햇빛에 부딪치기 때문에 그런 것이다.

비는 시루 속에 이슬이 맺히는 형상과 같다. 물과 흙의 증기가 공중으로 증발하여 빽빽한 구름에 막혀 새어나갈 곳이 없으면 엉기어 비가 된다. 그러나 증기가 올라가도 구름이 빽빽하지 않으면 비가 되지 못하고 구름이 빽빽해도 증기가 올라가지 않으면 역시 비가 되지 않는다.

눈은 차가운 증기가 증발한 것이고, 서리는 따뜻한 증기와 차가운 증기가 섞인 것이며 우박은 따뜻한 증기와 차가운 증기가 서로 부딪쳤을 때 급작스럽게 내리던 비가 언 것이다. 이 모두 증발한 증기로부터 만들어진 비의 종류다.

갇혀 있던 증기가 서로 부딪혀 발화하게 되는데 그때 일어나는 빛이 번개이고, 울리는 소리가 천둥이다. 불에 닿으면 물체는 부서지고 타서 없어진다. 번개가 먼저 번쩍이고 천둥소리가 뒤에 나는 것은 먼 곳에서 발생한 것이고, 번개와 천둥이 동시에 치면 가까이서 발생한 것이다. 지구에서 먼 곳에서 발생하면 공중에 흩어지고 지구 가까운 곳에서 발생하면 사물을 진동시킨다. 천둥 없이 번개만 치는 것은 백 리 이상 먼 것이며, 번개 없이 천둥이 치는 것은 구름에 싸여 막혔기 때문이다.

쇠 낫으로 돌을 치면 불꽃이 퍼지는데 딱딱하고 습한 것을 피하고 반드시 건조하고 부드러운 곳으로 나아간다. 대개 불은 딱딱하고 습한 것은 싫어하고, 건조하고 부드러운 것을 좋아한다. 천둥은 그 성질이 강렬하고 기운이 맹렬하여 바르고 곧음은 피하고 반드시 사악하고 요망한 데로 나아간다. 이것은 대개 천둥이 바르고 곧은 것은 두려워하고 사악하고 요망한 것을 좋아하기 때문이다.

대개 사람의 영험한 지각은 우리 몸에 있는 불의 정기인데 더구나 천둥은 천지의 바른 불로서 강렬하고 맹렬하며 생명을 좋아하고 악을 싫어해 삽시간에 사납게 천둥을 치니 그 영묘함이 신과 같다. 무릇 사람이나 만물이 벼락을 맞으면 때로 기적이 나타나고 기묘한 일이 일어난다. 이는 뇌신(벼락의 신)에게도 정이 있기 때문이다. 불의 정기와 영묘한 지각은 실은 사람의 마음과 같다.

무지개는 물의 기운이다. 아침에는 동쪽, 저녁에는 서쪽에서 햇빛을 받아 생긴다. 해가 비스듬히 비치면 반드시 반원의 무지개를 이룬다. 한낮 정오에는 무지개가 없는데, 물의 기운이 두텁지 않아서다. 햇무리와 달무리도 무지개의 한 종류인데, 공중에서 만들어지기 때문에 완전한 고리 모양을 이룬다. 무지개와 해·달무리가 고리 모양을 이루는 것은 해와 달이 둥글기 때문이다."

허자가 물었다.

"사람이 땅 위에 있어 하늘을 반도 보지 못합니다. 그러나 태양이 간혹 동쪽에 떠올랐는데 서쪽에서 월식을 보기도 합니다. 게다가 태양과 달이 지면에 있을 때는 사람과의 거리가 먼데도 크기가 오히려 크게 보이고, 태양과 달이 중천에 있을 때는 사람과의 거리가 가까운데도 크기가 도리어 작게 보입니다. 어째서 그러합니까?"

실옹이 말했다.

"그것은 기가 그렇게 만드는 것이다. 시험 삼아 한번 해보자꾸나. 동전을 세숫대야에 넣고 물러나서 보면 겨우 한 쪽만 보이다가 깨끗한 물을 다시 부어주면 동전 전체가 드러나게 되니, 이것은 물의 힘이다. 유리 돋보기는 미세한 털도 손가락만큼 크게 보이게 하니, 이것이 유리의 힘이다.

지금 물과 흙의 기가 증발해서 지면에 퍼지면, 밖으로는 태양과 달과 별의 빛을 약하게 하고 안으로는 사람의 눈을 어둡게 한다. 물처럼 영상을 반사하고 유리처럼 아른거려 낮은 것은 높게 보이게 하고 작은 것을 크게 보이게 한다. 서양 사람들이 이러한 빛의 굴절 현상을 발견하고 지구를 둘러싸고 있는 대기를 '청몽淸蒙'이라 불렀다. 위로 올려다 볼 때 작게 보이는 것은 청몽이 얇기 때문이고 비스듬히 볼 때 크게 보이는 것은 청몽이 두텁기 때문이다.

무릇 천둥소리가 웅장하다 해도 백 리를 넘지 못하고 총탄이 사납다 해도 천 걸음을 넘지 못하니, 이는 멀고 가까운 형세가 그렇기 때문이다. 그렇지만, 멀고 가까움이 그렇게 되는 것에도 반드시 그 원인이 있는 것이다. 대개 유기遊氣(공중에 떠다니는 운기雲氣)가 가득 차서 뚫고 나가는 데 한계가 있다. 소리가 퍼져나가고 탄환이 날아가도 힘이 다하면 멈추는 것이다. 사람의 시력도 역시 이와 같아서 해와 달의 직경은 끝내 헤아릴 수 없다.

달이 처음 초승달일 때 밝은 기운이 달 언저리 바깥까지 가득 차 있다. 이는 빛의 기세가 달무리를 만든 것이지 달의 본체는 아니다. 반달이나 보름달의 지름과 둘레도 정확하게 알 수 없거늘 하물며 태양은 순수한 불로 햇무리가 곱절이나 크니 태양의 진짜 크기는 결국 헤아릴 수 없는 것이다. 또한 둥근 형체를 측량할 때 가까우면 작아 보이고 멀면 커 보여서 탄환처럼 작은 것도 본래 형체를 분간하기 어렵거늘 하물며 해와 달의 형체를 어찌 헤아릴 수 있겠는가?"

허자가 물었다.

"지구의 형체가 둥글다는 설과 분야설의 망령됨에 대한 가르침은 이미 받아 알았습니다. 그러면 하루 동안에 아침과 낮의 기후가 다르고, 한 해 동안에도 겨울과 여름의 기후가 다르며 한 지구 안에서도 남쪽과 북쪽의 기후가 다른 것은 무엇 때문인지 감히 여쭤봅니다."

실옹이 말했다.

"지구는 본래 차가운데 따뜻한 것은 태양 빛을 받기 때문이다. 이것을 중국의 사례를 들어 얘기해 보겠다.

수도인 북경은 하짓날에 해가 하늘의 한복판인 천정天頂으로부터 16도에도 못 미친다. 때문에 햇빛이 약간 경사져서 비추어 따뜻한 기후가 조금 줄어들게 된다. 이로부터 북쪽으로 가 북극에 이르면 여름 기후는 마치 겨울 기후와 같다. 그곳에 진짜 겨울이 되면 땅이 얼어 터지고 얼음만 있을뿐 물은 없다.

이에 비해 중국의 남해(하이난성)는 하짓날에 해가 바로 천정에 위치해서 여름에는 해가 곧바로 내리쬐어 뜨거운 불꽃이 타는 듯하고 오랜 옛날부터 얼음이 없다. 여기서부터 남쪽으로 적도 이남 20여 도에 이르기까지는 한 해 동안 따뜻한 기후가 줄었다 늘었다 할 뿐이다. 적도의 중심으로 남쪽과 북쪽은 겨울과 여름의 기후가 뒤바뀐다.

적도에서 남쪽으로 수십 도 내려 가면 그 지역은 동지에 여름이 되고 하지에 겨울이 된다. 그곳의 따뜻하고 차가운 기후는 중국과 대략 비슷하다. 여기서부터 더욱 남쪽 끝으로 남극 아래까지 내려가면 여름 기후가 마치 겨울과 같다. 겨울철엔 땅이 얼어 터져서 얼음만 있고 물이 없는데 이 또한 북극 지역의 기후와 같다.

남극에서 남쪽으로 북극에서 북쪽으로 가면 기후는 점점 더워지고 점점 추워지며, 극도로 덥고 극도로 추운 것은 모두 동일하다. 이는 지구가 남과 북으로 그 기후가 바뀔 뿐이다.

무릇 태양은 황도 궤도를 따라 적도에 드나드는데 안팎으로 각각 23도 기울어져 있다. 지구에서 적도에 가까운 곳은 햇빛이 곧바로 비쳐서 그 기후가 극도로 덥고, 적도에서 조금 멀어지면 햇빛이 비스듬히 비추므로 기후가 약간 따뜻하다. 적도로부터 멀리 떨어진 곳은 햇빛이 가로로 비추기 때문에 그 기후가 극도로 차갑다.

그러므로, 지구가 따뜻한 것은 태양 빛을 받아서이며, 따뜻하거나 매우 덥거나 차이가 있는 것은 햇빛이 비치는 각도에 달려 있다. 이와 같은 것을 잘 관찰하면 아침과 낮의 기온이 왜 다른지 그 이유가 분명해진다. 아침과 낮의 기온이 다른 이유가 분명하다면 겨울과 여름의 기후가 왜 다른지 그 차이가 분명해진다. 또한 겨울과 여름의 기후가 다른 이유가 분명해지면 남과 북의 기후가 왜 다른지 그 이유도 분명해진다."

허자가 또 물었다.

"태양이 가장 남쪽에 이르는 동짓날이 되면 그 다음날부터 밤이 짧아지고 낮이 길어지므로 하나의 양陽이 생겨나고, 태양이 가장 북쪽에 이르는 하짓날이 되면 그 다음날부터 밤이 길어지고 낮이 짧아지므로 하나의 음陰이 생겨납니다. 음양이 서로 바뀜에 따라 봄과 여름이 오고, 천지가 닫히면서 가을과 겨울이 옵니다. 남쪽의 양과 북쪽의 음은 지세의 정해진 형국입니다. 여름이 따뜻하고 겨울이 추운 것은 음양이 서로 바뀌고 닫히기 때문입니다. 지금 선생께서 음양의 정해진 형국과 바뀌고 닫히는 참다운 기틀은 버리고, 태양 빛의 멀고 가까움과 비스듬히 비치고 바로 비치는 각도로 모두를 설명하시니, 옳지 못한 것이 아닌지요?"

실옹이 대답했다.

"그렇구나. 일리가 있는 말이다. 비록 그렇지만 양의 종류가 매우 많지만 모두 불에 근본을 두고 있고, 음의 종류도 여러가지지만 모두 땅에 근본을 두고 있다. 옛사람들이 여기에 깨달은 바가 있어 음양설이라는 것을 만들었다. 만물이 봄과 여름에 생겨나기 때문에 음양이 바뀌었다는 의미로 '교차'라 일컫고, 만물이 가을과 겨울에 거두어 저장하기 때문에 천지가 닫혔다는 의미로 '폐색'이라 일컫는다. 이처럼 옛 사람들이 가설을 세우는 데에도 각각 까닭이 있다.

그러나 그 근본을 미루어 본다면, 사실 태양 빛의 많고 적음에 있는 것이지 천지 사이에 별도로 음양 두 기氣가 있다고 하지 않았다. 음양의 두 기가 때에 따라 나타나기도 하고 사라지기도 하며 만물의 생성과 변화를 주재한다는 것은 후세 사람들의 주장일 뿐이다."

이에 허자가 말했다.

"지구의 생명체들이 모두 태양 빛에 의지한다면, 만약 태양이 하루아침에 녹아 없어지게 되면 곧 이 지구 세계에는 생명체가 하나도 없게 될 것입니다."

실옹이 말했다.

"태양 빛이 없어진다면 얼음과 흙이 서로 얼어붙어 만물이 생성되지 않는 어둡고 차가운 한 덩이 죽음의 세계가 될 것이다. 우주 안에 태양 빛이 단절된다면, 한낱 죽음의 세계를 이룬 곳이 수많은 생명체에만 이를 뿐이겠는가?"

허자가 말했다.

"하늘은 오행五行의 기氣이며, 땅은 오행의 질質입니다. 하늘에 오행의 기가 있고 땅에는 오행의 재질이 있기 때문에 만물이 저절로 생겨나는 것이니, 어찌 태양에만 오로지 의존하겠습니까?"

실옹이 말했다.

"중국의 순임금과 우임금이 다스리던 우하虞夏 시대에는 여섯 개의 자연물인 물과 불과 쇠와 나무와 흙과 곡식 등의 육부설六府說

이 있었고, 『주역周易』에는 팔괘의 바탕이 되는 하늘과 땅, 물과 불, 천둥과 바람, 산과 연못 등의 팔상설八象說이 있었다. 『서경』「홍범洪範」편에는 수·화·금·목·토의 오행설五行說이 있고, 불교에서는 땅과 물, 불과 바람인 지·수·화·풍地水火風의 사대설四大說을 말했다.

옛사람들이 때에 따라 가설을 세워 만물에 이름을 지은 것은 여기에 한 가지도 보탤 수 없고 한 가지도 줄일 수 없다는 것이 아니라 천지 만물이 이런 수數에 적합하게 되어 있다는 것을 의미할 뿐이다.

그러므로 오행의 수는 원래 정론이 아니었는데, 술가術家들이 이를 근간으로 하도河圖와 낙서洛書로 억지로 맞추고 『주역周易』의 괘상으로 파고 들어가 오행이 조화롭다느니 혹은 상극한다느니, 점괘가 보인다느니 안보인다느니 하는 지루한 수작으로 여러 술수를 장황하게 둘러대나 결국에는 그런 이치는 없는 것이다.

무릇 오행에서 화火는 태양이요 수水와 토土는 땅이다. 오행에서 목木과 금金이 태양과 땅에서 생성되는 것이라면, 목과 금을 화·수·토 세 가지와 병립해서 같은 것이라고 할 수 있겠는가?

또한 하늘이란 맑고 허한 기가 끝없이 가득 차 있는 것인데, 자그마한 지구 세계의 호흡과 같은 움직임으로 이 지극히 맑고 지극히 허한 우주 가운데에서 시비를 논할 수 있겠느냐? 그러므로 하늘은 기일 뿐이요, 태양은 불일 뿐이고, 땅은 물과 흙일 뿐임을 아는 것으로 족하다. 만물이라는 것은 기의 찌꺼기[糟粕]이고 불의 거푸집[陶鎔]이며 땅의 군더더기[疣贅]인 것이다. 이 세 가지 중 하나만 없어도 생성과 변화를 이뤄낼 수 없다는 것을 어찌 의심하겠느냐?"

허자가 물었다.

"사람이나 만물은 태와 알과 뿌리와 씨앗으로부터 생겨나는 것이 근본인데, 어찌 태양의 불기운을 필요로 하는 것입니까?"

실옹이 말했다.

"사람과 만물의 생성과 운동은 태양 빛에 근본을 두고 있다. 만약 하루아침에 태양이 없어진다면 온 세계는 얼어붙고 만물은 모두 녹아 없어질 것인데, 태와 알, 뿌리와 씨앗이 어디에 근본을 둘 수 있겠는가? 그렇기에 땅은 만물의 어머니요, 태양은 만물의 아버지요, 하늘은 만물의 조상이라고 말하는 것이다."

허자가 말했다.

"옛말에 '하늘은 서북쪽이 가득 차지 않고 땅은 동남쪽이 가득 차지 않는다.'고 하는데, 천지는 과연 가득 차지 않은 곳이 있습니까?"

실옹이 말했다.

"그것은 중국의 민간에서나 하는 이야기이다. 북극이 낮게 도는 것을 보고 하늘이 가득 차지 않은 줄로 의심하며, 강이 동쪽으로 흐르는 것을 보고 땅이 가득 차지 않았다고 의심한 것이다. 땅의 형세가 우연히 그렇게 된 것에 얽매어 지구의 전체 지표면을 살피지 않고 다르게 본 것이니, 이 또한 어리석지 않느냐?"

허자가 물었다.
"지구 표면에서는 낮과 밤의 길이가 지역 간에 모두 다 같고 차이가 없습니까?"

실옹이 말했다.
"어찌 그렇겠느냐. 가령 여기가 정오라면 여기로부터 동쪽으로 90도인 곳은 석양이 지는 이른바 일몰 때이고, 거기서 또 90도쯤 지나가면 어두운 밤일 것이다. 여기로부터 서쪽으로 90도인 곳은 해가 뜨는 이른바 일출 때이며, 그곳을 또 90도 지나면 어스름한 새벽일 것이다. 동서로 각 180도 떨어진 곳은 이곳의 반대 면으로 한밤중이 된다.

적도 남북으로 각각 20도 남짓인 곳은 1년 중 낮과 밤의 길이가 일정하여 그 차이가 불과 몇 분밖에 차이가 나지 않으며, 여기에서 더 지나가면 낮과 밤의 차이는 점점 커지는 것이다. 가장 차이가 긴 데는 11시(22시에 해당)가 넘고 가장 짧은 데는 1시간(오늘날 2시간에 해당)에도 못 미친다.

북극과 남극에 이르면 적도가 지평선이 되니, 태양이 적도 위에 있을 때는 북극은 반년 동안 낮이 계속되고 남극은 반년 동안 밤이 되며, 태양이 적도 아래에 있을 때는 북극은 반년 동안 밤이 계속되고 남극은 반년 동안 낮이 계속되는 것이다."

바다의 형세

허자가 말했다.

"지금 저 바다라는 것은 가뭄에도 마르지 않고 장마에도 넘치지 않으며 추워도 얼음이 얼지 않습니다. 또 많은 냇물이 흘러들어도 그 짠맛이 변하지 않으며 때에 따라 밀물과 썰물이 그 주기가 변하지 않고 일정한데 그 이치를 듣고 싶습니다."

실옹이 말했다.

"달은 물의 정수이기 때문에 물이 달을 만나면 달의 끌어 당기는 힘에 감응하여 물결이 솟아오른다. 달에는 일정한 길이 있고 바다의 밀물과 썰물은 일정한 시간이 있으니 물결이 나부끼고 흔들리어 스스로 밀려 나아가고 물러나기도 하는 것이다.

그리고 그 물결의 근본(달을 의미)에 가까우면 조수 간만의 차가

심하고 물결의 근본에서 멀면 간조와 만조가 모두 미약하며, 물결의 근본에서 멀어지면 물결 형세가 미치지 못하므로 밀물과 썰물이 이뤄지지 않는다.

바닷물은 아무리 많이 모여도 새지 않는다. 적도 근처의 바다는 태양열이 찌는 듯 내리쬐어 점점 짠맛이 되는데 그 맛이 마치 된장 같이 짜고, 물결이 여울물처럼 용솟음치며, 육지 또한 태양에 가까워 겨울에도 얼음이 얼지 않는다.

또 남극과 북극은 땅의 기후가 극도로 차갑고 태양열도 미미하며, 밀물이 미치지 못하기에 바다가 얼어 있다. 바다는 모인 물이 끝없이 넓고 커서 헤아릴 수 없을 정도다. 강물이 바다에 흘러 들어가고 아무리 장맛비가 많이 와도 넓디넓은 바다에는 한 잔 물에 불과하니 드넓은 바다에 아무런 보탬이나 손실도 줄 수 없는 것이다.

강물의 근원은 샘물이고. 샘물은 바닷물에서 기원한다. 물은 땅 속의 수맥을 따라 부딪치는 듯 호흡하는 듯 옆으로도 흐르고 거꾸로도 흘러서 아무리 멀어도 이르지 않는 곳이 없다. 흙의 기운이 스며들어 짠맛이 빠지고 넘쳐 올라 샘물이 되고 모여들어 강과 하천을 이룬다. 이와 같이 서로 실어 나르고 넘나들면서 이루어지는 것이 모두 바닷물이다.

또한 사람과 만물이 소비하는 물의 양은 다시 바람과 햇빛에 증발되어 비와 눈으로 내려서 불어나는 양과 서로 맞먹으니 소비하는 물은 모자라지도 넘치지도 않고 충분하다. 그러므로 바닷물이 마르지 않고 넘치지도 않는데, 이것이 곧 바다의 형세이다."

허자가 말했다.

"옛말에 '뽕나무 밭이 바다로 변한다.'고 하였는데, 그러한 이치가 있습니까?"

실옹이 말했다.

"내가 지구 세계를 보니 사람의 수명은 100년을 넘지 못하고 나라의 역사에도 실제의 사적史蹟이 전하지 않는다. 땅과 물의 변화는 아주 서서히 이뤄지는 것이지 갑자기 이루어지는 것이 아니어서 사람이 지각하기 어렵다. 그러나 조개 껍질과 물에 닳은 조약돌이 혹 높은 산에 있고, 바다 가까운 산에 흰 모래가 많은 것은 산과 바다가 서로 넘나들면서 생성된 것으로 그 흔적이 뚜렷함을 알 수 있다.

또 중국을 보면 요동 벌 천리 땅이 바로 옛 황하의 아홉 지류이고, 고비 사막 지역 밖의 사막은 황하黃河의 옛 물길이다. '홍수가 가로로 흘러 중국을 범람한다.'고 일찍이 맹자가 말하지 않았느냐?

대개 흐르는 모래가 쌓이고 막혀 물길이 점점 높아지면 둑이 무너지지 않을 수 없는 것이다. 황하가 범람한 것은 바로 요임금 시대에 있었던 일이다. 우임금의 아버지 숭백崇伯이 시대의 운수를 헤아리지 못하고 중국을 위해 멀리 내다본다고 하면서 옛 물길을 복원하고자 9년 동안 물길을 막았으나, 성과를 이루지도 못하고 제방이 일거에 무너지니 구주九州가 모두 물속에 잠겨 버렸다. 이에 우임금이 사업을 이어받아 용문산을 뚫으니 이는 지세에 순응하여 물길을 유도한 것이다. 그것으로써 그 다급함을 구제하긴 하였으나 결국엔 중국의 후환이 되었다. 이로 본다면 육지가 바다가 되고 바다가 육지로 변했다는 것을 알 수 있다.”

땅의 형세

허자가 말했다.

"땅에 지진이 있고 산이 옮겨지는 것은 왜 그런 것입니까?"

실옹이 말했다.

"땅이란 살아 있는 물체로 맥락脈絡(혈맥이 통하는 계통)과 영위榮衛(피와 몸을 호위하는 기운)가 실상 사람의 몸과 같다. 다만 그 형체가 크고 무거워 사람처럼 뛰고 움직이지 못할 뿐이다. 이 때문에 조그만 변화가 일어나도 사람들이 반드시 괴이하게 여겨, 재앙이니 상서로운 징조이니 하며 함부로 추측해버린다. 그 실상은 물과 불, 바람의 기운이 운행하고 흘러가면서 막히면 지진이 일어나고, 거세지면 땅을 밀어 위치를 옮기기도 하니, 그 형세가 그러한 것이다."

허자가 말했다.

"땅에 온천溫泉과 염정鹽井이 있는 것은 무슨 이유입니까?"

실옹이 말했다.

"태허太虛라는 것은 물의 정수이고 태양은 불의 정수이며 지구는 물과 불의 찌꺼기다. 물과 불이 아니면 지구는 살아 움직일 수 없으니, 자리를 잡고 회전운동을 하면서 만물을 생성하고 변화시키는 것은 물과 불의 힘이다. 온천과 염정도 물과 불이 서로 부딪쳐 생기는 것이다."

허자가 말했다.

"그렇다면 사람이 죽어서 장사를 지내는데 그 묏자리가 좋지 않으면 바람과 불이 재앙을 만든다 하는데, 또한 그러한 이치가 있습니까?"

실옹이 말했다.

"물과 불, 그리고 바람의 기운이 운행하는 데는 그 맥이 있어 꽉 찬 실實을 만나면 달아나고 텅 빈 허虛를 만나면 모이게 된다. 장사를 지냄에 있어 그 법도를 잃으면 재앙이 반드시 이르니, 뒤집혀지거나 타고 터져서 송장에 벌레가 끼고 썩어 문드러지기까지 하니 장사를 잘 지냈다고 할 수 없게 된다."

허자가 말했다.

"장례를 치를 적에는 토질이 깨끗하여 물과 불, 바람과 벌레가 생기지 않을 것 같았는데, 이장을 하려고 무덤을 열어보면 편하고 좋은 자리가 별로 없습니다. 왜 그런 것인지요?"

실옹이 말했다.

"좋은 질문이구나! 사람이 부모를 대함에 있어 살아 계실 때 봉양을 극진히 하고 죽으면 공경해야 한다. 남기신 글과 의복은 존경하는 마음으로 높이 받들고 잘 보관하는 것이 공경의 극치인데, 더구나 부모님의 유해야 말해 무엇하겠는가? 무덤이란 돌아가신 분의 유해를 잘 모시는 곳인데 감히 공경하고 삼가지 않을 수 있겠는가?

비록 그러하나 베와 비단으로 만든 옷과 이부자리는 살아계실 때 봉양하는 도구요, 장례할 때 사용하는 관곽棺槨이나 정삽旌翣은 돌아가시고 난 다음 장사 지낼 때 남 보기에 아름답게 하는 장식으로 흙 속에 들어가면 썩어서 유해를 더럽힐 뿐이다. 당장 눈앞에 보이는 아름다움만 힘쓰고 나중에 유해가 더럽혀지는 것은 생각지 않으니, 이런 것을 효도라 하고 또 지혜롭다고 할 수 있겠느냐?

더구나 허하면 반드시 다른 사물을 끌어들이는 것이 땅의 이치다. 정삽을 갖추면 겉의 곽이 비게 되고 옷과 이불이 썩으면 속에 있는 관이 비게 된다. 역청瀝青(방습과 방부를 위한 도료)과 석회를 견고하게 발라도 무덤은 비어 있어 물과 불, 바람과 벌레가 모두 빈 곳으로 들어온다. 슬프도다! 부모의 유해를 잘 보관하려 했으나 안으로는 썩을 물체를 입히고 바깥으로 바람과 불을 끌어들여 뼈마디가 타서 흩어져 그 시체를 잘 보전하지 못하게 되니 사람의 마음으로 유쾌할 수 있겠느냐?

무릇 흙은 만물의 어머니요 생성의 근본이다. 비단의 무늬와 수도 흙의 아름다움에 비길 수 없고 옥구슬도 흙의 깨끗함에 비길 수 없는 것이다. 다만 살아 있을 때는 사람의 몸이 습한 곳에서 살게 되면 병이 생기게 되고 좋은 의복도 땅에 가까우면 더러워진다. 그러므로 집을 높게 짓고 여러 겹의 이불을 쓰는 것은 흙에서 먼 것을 귀하게 여긴 것이고, 움막에서 거적을 까는 것은 흙과 가깝기에 천하게 여긴 것이다.

사람들이 옛 전통에 젖어 그 근본을 잊어버리고 죽음에 이르러 염습斂襲하면서 오로지 수의를 두터이 하지 못할까 염려하고 관곽을 쓰고 석회를 바르면서 그것이 단단하지 못할까 염려한다. 깊게 고민하고 영원함을 도모한다면서 오로지 흙에서 멀리하는 것만 꾀하는 것이다. 삶과 죽음의 길이 다르고 사물에 따라 귀하고 천한 것이 다르다는 것을 모르기 때문에 그런 것이다. 누런 것 중에 따뜻하고 윤택한 것으로 흙만한 것이 없다. 참으로 아름답고 청결해서 실로 유해를 소중하게 보관할 수 있다.

그러므로 아주 오래 전에는 봉분도 하지 않고 나무도 심지 않아서 꾸밈없이 소박하게 하였다. 삼베로만 싼 채로 관 없이 나장裸葬을 한 것은 이치에 통달하고 사물에 얽매이지 않았던 달사들이

하는 괴이한 방식이었다. 또한 화장하여 사리를 보관하는 것은 불교에서 하는 정법이고, 벽돌로 두르고 기와관을 만든 것은 성인聖人이 하던 중화의 제도였다."

허자가 말했다.

"그렇다면 가장 좋은 장례는 불교의 화장법이고 그 다음은 나장인데, 어찌하여 무덤을 만들고 나무를 심으며 벽돌과 기와로 관을 만들 필요가 있겠습니까?"

실옹이 말했다.

"스승을 장사 지낼 때는 의리를 근본으로 하고, 부모를 장사지낼 때는 은혜를 근본으로 한다. 불교의 가르침은 은혜를 끊고 의리를 내세우며, 유교의 가르침은 의리를 굽히고 은혜를 내세웠다. 그러나 양왕손楊王孫이 나장을 한 것은 풍속을 교화하기에는 너무도 과격한 처사였다.

중국에서 태어나면 스스로 마땅한 바의 의리를 가지고 검소함을 숭상하고 화려한 꾸밈을 절제하며 그 근본을 잊지 않고 시대정신을 참작하며 세상의 나쁜 풍습을 따르지 않고 부모님을 편히 모시는 것을 오래도록 생각해야 하는 것이다. 그런데 대개 평원과 고산지대는 모두 복된 땅들이니 어찌 바람과 불의 재앙이 있겠느냐? 이것은 사람의 자식된 자로서 당연히 알아야 할 일이다.

대개 주나라 때에 학문을 숭상하여 예악과 문물이 크게 갖춰

졌고, 맹자가 묵자를 비판하며 간소하게 지내는 장례를 힘써 배척했다. 그러나 '여러 겹의 관을 쓰며 진기한 명품으로 부장품을 써야 하고 흙이 부모의 시신에 닿지 않아야 한다'는 논의는 폐단이 아닐 수 없다."

허자가 말했다.

"묏자리의 좋고 나쁜 것이 자손에게 복을 주기도 하고 재앙을 주기도 한다고 하는데 이것이 하나의 기운으로 감응하는 그런 이치가 있습니까?"

실옹이 말했다.

"중한 형벌을 받은 죄수가 감옥에 갇혀 구르고 맞아 생긴 독이 견딜 수 없는 정도에 이르러도 중죄인의 자식들이 나쁜 병에 걸렸다는 말을 들은 적이 없거늘 하물며 죽은 자의 송장에서랴?

비록 그러하나 술법이란 허망하여 실상은 그런 이치가 없는데도 그렇게 된다고 믿음이 전해진 지 오래되었다. 마음을 모으고 영혼을 합해서 무無에서 유有를 이루기 바라니, 왕왕 중국인 중에 기교를 부리는 것을 하늘이 따라주기도 했다. '입이 여럿이면 쇠도 녹이고 비방이 쌓이면 뼈도 녹인다'는 말은 그런 이치인 것이다.

무릇 하늘의 별과 기상을 보며 상서와 재앙을 점치고 점사의 길흉과 제례의 흠향, 풍수지리의 화복 등은 이치가 동일하다. 예전에 주희의 제자 채계통이 죄를 얻어 귀양 갈 때에 다른 사람의 묘를 옮겨준 것을 후회하였다. 아무런 까닭 없이 남의 묘를 옮기게 했으니 뉘우쳐 마땅하나, 사실은 간사한 술법을 숭상하여 믿은 것이 후회의 근본이었다.

더구나 주희가 쓴 『산릉의장山陵議狀』에도 술가의 말만 심하게 주장하였다. 그런데도 역사를 쓰는 사관들이 유학의 종장께서 밝힌 내용이라 말하니 사람들이 감히 다른 의견을 말하지 못했다. 이리하여 이단의 설이 거침없이 퍼져서 세상에 소송과 재판이 미친 듯이 많아져서 인심이 날로 무너졌다. 예로부터 퍼져 있는 나쁜 풍속의 폐단을 어찌 불교와 공리론에 견줄 수 있겠느냐?"

만물의 근본과 변화

허자가 말했다.

"천지의 형체와 그렇게 되는 정상에 대해서는 이미 가르침을 들었습니다. 이제 사람과 만물의 근본은 무엇이며 옛날과 지금은 어떤 변화가 있었고 중국과 그 주변 민족 즉 화이華夷의 구별에 대해 가르침을 받고자 합니다."

실옹이 말했다.

"무릇 땅이란 우주 안의 살아 있는 물체다. 흙은 가죽과 살이고 물은 정액과 혈액이며, 비와 이슬은 눈물과 땀이고, 바람과 불은 혼백과 혈기이다. 이 때문에 물과 흙은 안에서 빚어내고 햇빛은 밖에서 쪼이므로 원기가 모여들어 만물을 낳고 기른다. 초목은 땅의 머리털이며 사람과 짐승은 땅의 벼룩이나 이 같은 것이다.

바위 골짜기와 땅속에 뚫린 굴에서 기가 모여 바탕을 이루는 것을 '기화氣化'라 이르고, 남녀가 서로 느끼어 육체로 교접하여 아이를 배고 낳는 것을 '형화形化'라 이른다.

　　아주 먼 옛적에는 오로지 '기화'만 있어 사람과 만물이 번성하지 않았다. 태어난 성품이 깊고 온후했고 정신과 지혜가 맑고 밝았으며 행동거지가 순수하고 점잖았다. 먹고사는 것을 물질에 의존하지 않았고 기쁨과 분노 같은 감정이 마음에 싹트지 않았다. 묵은 기운을 내뿜고 코로 새로운 기운을 들이마시는 방식으로 호흡했으며 배고프지도 않고 목마르지도 않았다. 하는 일도 없고 하고 싶은 것도 없이 여유스럽게 놀며 살았다. 새와 짐승, 물고기가 타고난 제 수명을 누렸고 초목과 쇠, 돌이 각기 그 형체를 보전했다. 하늘에는 음란하고 요사스러운 재앙이 일어나지 않았고 땅에서는 산이 무너지고 강이 마르는 재해가 없었다. 이것이야말로 사람과 만물의 근본이요, 진정으로 완벽하게 태평스러운 세상이었다.

　　중고시대로 내려와 땅의 기운이 비로소 쇠퇴해지기 시작하여 사람과 만물이 점점 불순하고 혼탁해졌다. 남녀가 서로 모이면 이내 정욕이 일어나 정을 통하고 아이를 배게 되니 처음으로 형화形化가 생긴 것이다. 형화가 있게 되니 사람과 만물이 점점 번성하고 땅의 기가 더욱 줄어들면서 기화가 끊어졌다. 기화가 끊어지니 사람과 만물이 생겨남에 오로지 정액과 혈액만을 받고 태어나 더러운 것들만 점점 늘어나고 맑고 밝은 것은 점점 사라졌다. 이것이 천지의 불운이요, 화란의 시초였다.

남녀가 육체로 교접하여 정액과 혈액이 소갈되고, 거짓이 마음을 해쳐 정신이 오그라들고 우울하고 답답한 마음이 생겨났다. 안으로 배고픔과 목마른 근심이 생기고 밖으로는 추위와 더위의 괴로움이 생겨났다. 풀을 씹고 물을 마셔서 배고픔과 목마름을 해소하고 나무로 둥지를 만들고 움집 같은 곳에 살면서 추위와 더위를 막았다. 이에 만물은 각자 자신만을 위하고 백성들은 다투기 시작했다.

풀을 씹고 물을 마시는 것이 너무 부족하다 하여 함부로 사냥하고 고기잡이를 하니 새와 짐승, 물고기가 타고난 수명을 다하지 못하고 제대로 살 수 없게 되었다. 둥지와 움집이 누추하다 하여 화려하게 집을 지으니 초목과 쇠, 돌이 그 형체를 보전할 수 없게 되었다.

기름진 고기와 맛있는 음식으로 입맛을 맞추니 오장육부가 약해졌고 베와 비단으로 몸을 따스하게 하자 사지 뼈마디가 느슨해졌다. 큰 정원과 높은 누각, 연못을 파는 일이 생기자 땅의 지력이 손실되었다. 성내고 원망하고 저주하는 더러운 기운들이 상승하면서 하늘의 재앙이 나타나게 되었다.

이에 용맹스럽고 지혜로우며 욕심 많은 자들이 그 사이에 태어나 마음을 같이 하는 자들을 이끌고 각기 구역을 점거하여 우두머리 노릇을 하게 되니, 약한 자는 노역에 시달리고 강한 자는 이권을 누렸다. 나눠 차지한 서로의 영토를 뺏으려 눈을 부릅뜨고 병사를 일으켜 전쟁하고 주먹을 휘두르며 치고 받으니 백성들이 처음으로 타고난 수명을 누리기 힘들어지기 시작했다.

교활한 자가 재주를 부려 남을 해치고 죽이기 위해 쇠를 단련하고 나무를 깎아 흉기를 만들었다. 날카로운 칼과 창, 독화살로 전쟁을 벌이니 쓰러진 시체가 들을 메우고 무릇 살아 있는 백성의 재앙이 여기에 이르러 극에 달했다.

중국 구주의 하나인 기주 땅 사방 천리를 중국이라 일컬었다. 산을 등지고 바다에 임했으며 바람과 물이 온화하고 넉넉하며, 해와 달이 밝게 비추어 추위와 더위가 알맞고, 황하와 오악의 영기가 모여 오로지 선량한 사람만을 탄생시켰다. 무릇 복희伏羲, 신농神農, 황제黃帝, 요순堯舜이 일어나 띠로 이은 초가 지붕과 흙섬돌로 집을 짓고 검소한 덕을 닦아 백성의 생업을 마련해 주었다. 공손하고 겸양의 미덕을 갖추어 밝은 덕을 몸소 실천하여 백성의 도리를 펼치도록 하니 문명과 교화가 차고 넘쳐서 천하가 화목하고 평화롭고 즐거웠다. 이것이 중국에서 말하는 이른바, 성인의 정치로 가장 잘 다스려진 시대였다.

시대를 따르고 풍속에 순응함은 성인의 방편이요 다스림의 요체다. 무릇 가장 화목하고 평화롭게 잘 지내는 것을 성인이 원하지 않는 것은 아니지만, 시대가 흘러 풍속이 변하여 법이 지켜지지 않는다고 억지로 막는다면 그 혼란이 더욱 심해지게 된다. 이렇게 되면 성인의 힘으로도 어쩔 수 없는 것이다. 그래서 '지금 세상에 살면서 옛 도로 돌아가려고 하면 오히려 재앙이 자신에게 미친다.'고 말하는 것이다.

정욕의 감정은 이미 금할 수 없어서 혼인하는 예로 부부로 짝을 지어 그 음란함을 금했을 뿐이다. 좋은 집에 사는 것을 이미 금할 수 없어서 오막살이집과 초가집을 짓되 돌을 갈고 나무를 깎지 못하게 해 그 화려함만 금했을 뿐이다. 물고기와 짐승을 먹는 습관을 이미 금할 수 없어서 낚시는 하되 그물질은 못하게 하고 산과 연못을 엄격하게 금지하여 함부로 잡는 것만 막았을 뿐이다. 좋은 옷을 입는 것을 이미 금할 수 없어서 노소와 상하 간에 다른 복식 규정을 두어 그 사치함만 막을 뿐이었다.

그러므로 성인은 예악의 제도로 인도해 주고 보충도 해주어 한 시대를 제어하는 방편으로 삼았던 것이다. 정욕의 뿌리가 뽑히지 않고 사사로운 이득을 취하는 근원을 막을 수 없으면 그 형세가 마치 하천의 범람을 막는 둑처럼 끝내는 무너지리라는 것을 성인은 이미 알고 있었기 때문이다.

우임금이 아들에게 천자의 자리를 전하자 백성들이 처음으로 자기 집안 이익만을 챙기기 시작했다. 은나라를 창건한 탕왕과 주나라를 창건한 무왕이 임금을 내쫓고 죽이자, 백성이 처음으로 상전을 해치기 시작했다. 그러나 이는 몇몇 군주의 허물만은 아니다. 잘 다스려진 때가 지나면 점차 쇠퇴하여 어지러운 세상이 되는 것은 시대의 형세가 그러한 것이다.

하나라는 충忠을 숭상했고, 상나라는 꾸미지 않은 순수한 질質을 숭상했지만, 요순시대에 비하면 이미 화려해진 상태였다. 주나라 제도는 오로지 화려하고 사치스러운 것만을 숭상하여 소왕과 목왕 이래로 군주의 기강이 이미 떨어져서 정치가 여러 제후들에게 달려 있었다. 군주는 한갓 헛된 지위만 부여잡고 윗자리에 앉아 기생하였으니, 유왕과 여왕이 천하를 망치기 전에 주나라는 이미 없어진 지 오래되었다.

천체 관측을 위해 주나라를 세운 무왕의 아버지 문왕이 지은 영대靈臺와 태학 건물인 벽옹辟雍은 두루 돌아다니며 구경하기 위해 아름답게 만든 것이다. 우임금 시대에 온 나라의 쇠를 거두어 만든 솥인 구정九鼎과 천체를 측량하는 천구天球는 귀중한 것으로 여겨 간직한 것이었다. 황제가 타는 수레인 옥로玉輅와 붉은 면복인 주면朱冕은 복식을 사치하게 한 것이고, 왕이 아홉 부인과 궁녀를 둔 것은 여색을 좋아해서였다. 이리하여 동주의 수도인 낙읍과 서주의 수도인 호경에서는 토목 공사가 번다하였으니, 진시황이나 한무제가 이것을 그대로 본받았다.

폭군 주왕의 이복형인 미자微子와 주왕의 숙부인 기자箕子를 버리고 주왕의 아들인 무경武庚을 세워 은나라의 도가 다시 회복하지 못하도록 하였으니, 주나라의 숨은 뜻을 어찌 가릴 수 있겠는가?

성왕이 즉위하자 주왕의 동생인 관숙과 채숙이 형제간에 반란을 일으켜 다투었다. 주공이 이들의 반란을 평정하기 위해 3년 동안 동쪽 제후국을 정벌했는데, 창과 도끼가 다 부서지고 여덟 번이나 제후국에 알렸으나 미련한 백성이 대항하고 따르지 않았다. 이러하니 주나라가 은나라를 대신하여 천하를 차지하려는 마음이 어찌 없었다 할 수 있겠느냐?

공자가 순임금의 덕을 칭찬함에는 '성인聖人이라' 했으나 주나라 무왕에 대해서는 '천하에 좋은 이름을 잃지 않았을 뿐'이라고 하였다. 주나라 문왕의 형인 태백을 칭찬함에는 '지극한 덕'이라고 했으나 주나라 무왕을 말함에는 '다 착하지는 못했다'고 하였으니 공자의 뜻을 알 만하다."

또 이어서 실옹이 말했다.

"주나라 이후로 왕도가 날로 없어지고 패도가 거리낌 없이 일어나 겉으로 어진 척하는 자가 황제가 되고 병력이 강한 자가 왕이 되었으며, 지략을 쓰는 자가 귀하게 되고 아첨을 잘하는 자가 영달하게 되었다. 임금은 권력과 돈으로 신하를 꾀어서 부리고, 신하는 권모술수로 임금을 섬겼다. 이리하여 한쪽 얼굴로는 의리를 지키는 척하면서 한쪽 눈을 질끈 감고 모른 척하며 상하가 서로 다투고 견제하면서 사욕을 함께 취하였다. 아아! 슬프구나. 천하가 어지러워진 것은 상하가 모두 자신들의 이익만을 위해 욕심을 품고 서로 대했기 때문이다.

비용을 절약하고 조세를 덜어주는 것이 백성을 위해서가 아니었으며, 현명한 이를 존경하고 능력있는 인재를 선발하는 것이 나라를 위해서가 아니었다. 반역을 토벌하고 죄인을 벌하는 것도 난폭함을 금하기 위한 것이 아니었고. 후하게 주고 박하게 받으며 멀리서 난 산물을 귀하게 여기지 않는 것도 멀리 있는 백성을 위로하며 따르게 하려는 것이 아니었다. 오로지 조상들의 과업을 지키고 지위를 보전하여 죽을 때까지 존귀와 영화를 누리며 2대 3대 자손에게 영원토록 전하는 것이 목적이었다. 이것이 이른바 어진 임금의 하는 일이고, 충성스러운 신하의 아름다운 계책이었다.

어떤 자는 말하기를 '나무와 돌의 재앙은 굽은 나무로 보금자리를 만들어 인간을 짐승으로부터 보호한 유소有巢에서 시작했고 새와 짐승의 재난은 그물을 만들어 사람들에게 고기 잡는 법을 가르친 복희에서 시작되었다고 한다. 또 흉년의 근심은 나무를 비벼 불을 만드는 법을 개발하고 음식을 익혀 먹는 방법을 찾아낸 수인燧人에서 유래되었고, 교묘한 지혜와 화려한 풍습은 새와 짐승의 모습과 발자국 등을 본떠 한자를 창시한 창힐蒼頡에게서 근본하였다고 말한다.

선비가 입는 도포인 봉액縫掖의 빼어난 위용이 옷깃을 왼쪽으로 여미는 오랑캐 옷의 좌임左衽의 편리함만 못하고, 유가의 손을 맞잡고 읍揖하며 사양하는 허례는 고대의 무릎을 꿇고 절하는 모배膜拜 절의 진솔함만 못하다고 한다. 문장의 공허한 빈말이 말 타고 활 쏘는 실용만 못하고, 따뜻한 옷과 익힌 음식을 먹으면서 몸이 약해진 것이 저 추운 장막에서 짐승의 젖을 먹어 몸이 강건한 것만 못하다고 한다. 이러한 주장이 혹시 지나칠지는 모르나 중국이 떨치고 일어나지 못한 까닭이 여기에서 싹튼 것이다.

천지가 개벽하여 혼돈이 뚫리며 나누어지니 본래 생긴대로의 것들이 사라졌다. 문치文治가 흥하면서 무력武力이 약해졌으며, 초야에 묻혀 살던 처사들의 주장이 멋대로 세상에 횡행하면서 주나라의 도가 날로 위축되었다. 진시황의 분서갱유가 일어나 한나라의 왕업이 조금 편해졌고, 석거石渠에서 분쟁이 일어나고 신나라의 왕망이 제위를 찬탈했다. 후한 말의 대학자인 정현鄭玄과 마융馬融이 경전을 자세하게 해석했으나 삼국이 분열하고 진晉나라 때에 청담淸談이 유행하더니 결국 중국이 오랑캐에게 유린당했다.

　육조六朝가 양자강 동쪽에서 근근이 왕조를 이어갔고, 오호五胡는 남양과 낙양을 유린했으며 탁발씨가 북조의 주인이 되었다. 서량西涼이 당 왕조에서 일통을 이루었으며, 요와 금이 번갈아 주인을 하더니 원나라에 합쳐졌다. 주원장이 세운 명 왕조가 왕통을 잃어 천하는 청나라를 세운 만주족 손에 들어갔다. 무릇 한족이 기세를 떨치지 못하고 오랑캐인 만주족의 기운이 날로 성장하니 이는 곧 인사人事의 감응이기도 하지만 하늘의 때가 가져온 필연이다.”

하늘에서 보면 사람과 만물은 똑같다

허자가 말했다.

"공자가 『춘추春秋』를 지으면서 중국을 안으로 삼고, 중국 사방
의 오랑캐인 동이·서융·남만·북적을 밖으로 위치 지었습니다. 무릇
중화와 오랑캐의 구분이 이와 같이 엄격한데 지금 선생께서 오랑
캐의 운수가 성한 것을 인사의 감응이요 하늘의 때가 가져온 필연
이다 하시니 이는 옳지 못한 것이 아닙니까?"

실옹이 말했다.

"하늘이 낳고 땅이 기른 것으로 무릇 혈기가 있는 것은 다 같
은 사람이다. 무리 중에서 특출나게 뛰어나 일정한 지역을 다스리
는 자는 모두 군왕이며, 문을 겹겹이 만들고 성 바깥에 해자를 깊이
파서 영토를 굳게 지키는 것은 나라마다 다 같은 것이다. 은나라의

머리에 쓰는 관인 장보章甫나 주나라의 갓인 위모委貌나, 오랑캐가 몸에 그림을 그리는 문신이나, 남만에서 이마에 그림을 그리는 조제雕題는 모두 습속이라는 점에서는 다 같은 것이다.

그러니 하늘에서 바라보면 어찌 안과 밖의 구별이 있겠느냐? 그러므로 각자가 자기 나라 사람끼리 서로 사랑하고 자기 임금을 높이며, 자기 나라를 지키고 자기 풍속을 좋게 여기는 것은 중화나 오랑캐나 마찬가지다.

대저 하늘과 땅이 변하면서 사람과 만물이 번성하고 사람과 만물이 번성하면서 주체와 객체가 형성되고, 주체와 객체가 형성되면서 안과 밖의 구별이 생겨났다. 오장육부와 팔다리는 한 몸뚱이의 안과 바깥이요, 자신과 처자는 한 집안에서의 안과 바깥이며, 형제와 친척은 한 문중의 안과 바깥이다. 이웃 마을과 변두리는 한 나라의 안과 바깥이며, 천자가 다스리는 나라와 교화가 미치지 못하는 먼 나라는 천하의 안과 바깥인 것이다.

무릇 자기 것이 아닌 것을 가지는 것을 도盜라 하고, 죄가 없는데 죽이는 것을 원수를 뜻하는 적賊이라 한다. 네 오랑캐 즉 사이四夷가 중국 강역을 침략하는 것을 떼도둑이라는 의미의 구寇라 하고, 중국이 함부로 무력을 일으키는 것을 사이四夷들은 적賊이라 하니, 서로 '구'라 하고 서로 '적'이라 하는 것은 그 뜻이 매한가지다.

공자는 주나라 사람이다. 주 왕실이 날로 기울고 제후들까지 쇠약해지자 오나라와 초나라가 중국을 어지럽혀 외적의 침략이 끝이 없었다. 『춘추』는 주나라의 역사를 기록한 책으로 내외 즉 안과 바깥에 대해 엄격히 구분한 것이 당연하지 않겠느냐?

비록 그러하나 만일 공자가 뗏목을 타고 바다를 떠다니다 오랑캐 족이 사는 구이九夷에 들어가 살았다면, 중국의 법으로 오랑캐의 풍속을 변화시키고 주나라 도를 국외에서 일으켰을 것이다. 따라서 안과 밖이라는 구분과 따르고 물러나는 존왕양이의 의리도 마땅히 역외춘추域外春秋에 자연히 있었을 것이다. 이것이 공자를 성인聖人이라 하는 까닭이다."

계방일기

계방일기桂坊日記

담헌湛軒 홍대용洪大容이 44세에 추천에 의하여 세손(후일의 정조)을 호위하는 벼슬인 세자익위사世子翊衛司의 시직侍直으로 선발되었을 때의 입직한 일기로 갑오년(1774년) 12월 1일부터 이듬해 8월 26일까지의 내용이 실려있다. 내용은 주로 동궁東宮 시절의 정조에게 경사經史를 강의하고 문답한 말들이다. 강의의 주 텍스트는 퇴계 이황의 『주서절요朱書節要』와 율곡 이이의 『성학집요聖學輯要』이다.

갑오년(1774, 영조 50)
12월 1일
경희궁 존현각

나 홍대용은 세자익위사 종8품 시직侍直[1]이라는 관직에 임명받은 후 궁궐에서 숙직을 하다가 밤에 야대夜對[2]를 하게 되었다. 영의정 한익모韓翼謩의 셋째 아들인 보덕輔德 한정유韓鼎裕[3]와 사서司書 신재선申在善[4]과 시직 홍대용이 존현각尊賢閣[5]에 들어가 『주서절요朱書

1)   세자의 호위 업무를 담당한 세자익위사에 있던 종8품직.
2)   왕세자를 교육하는 것을 서연書筵이라 하며 여기에 속하는 정규 강의는 보통 하루에 한 번으로 시간대에 따라 조강, 주강, 석강이라 지칭하는데 대개는 주강이었다. 비정규 강의인 보충학습으로 낮에 하는 소대召對와 밤에 하는 야대夜對가 있었다. 이때 시강원 관원 2명이 들어가 공부할 책의 내용을 읽고 뜻을 해설해 주면 왕세자는 이를 암기해야 했다.
3)   영의정 한익모의 셋째 아들로 홍대용의 사촌동생인 홍대응의 처남.
4)   영성위永城尉 신광수申光綏의 양자로, 신광수는 영조의 딸이자 화완옹주의 언니인 화협옹주의 남편이다.
5)   존현각의 존현은 높고 어질다는 뜻으로 세자들의 공부방이기도 했다. 존현각은 특히 정조가 세자 시절 강습했던 공간으로 영화 〈역린〉의 배경이 된 곳이다.

節要』6) 제3권을 강론하였다. 동궁東宮7)은 전날에 배운 『육승상서陸丞相書』8)를 읽고, 보덕은 「주자가 유공보劉共父에게 준 편지」를 읽었다.

동궁　새로 배운 것을 다 읽고 그 글의 의미를 아뢰어 보시오.

한정유　이것은 북송의 정호程顥와 정이程頤 두 분 문집에 대한 내용인데 별로 아뢸 만한 것이 없습니다. 다만 '나의 허물을 고치는 것을 꺼려하지 않는다'라는 말에서 주자의 학문 자세가 큰 것을 볼 수 있습니다. 우임금이 스스로 만족하거나 크게 여기지 않고, 탕임금이 다른 사람의 비판을 잘 받아들였던 것처럼 훌륭한 성인聖人의 마음이 본래 이런 것입니다.

동궁　이번에는 계방桂坊9)이 말해 보시오.

홍대용　춘방春坊10)의 아뢴 말이 매우 좋습니다. 이른바 학문이란

---

6)　퇴계 이황이 주자의 문집 중에서 편지만을 뽑아 만든 책.
7)　영조 38년(1762)에 세손을 세자를 가리키는 동궁이라 칭하고 강서원講書院을 춘방春坊이라 하고 위종사衛從司를 계방桂坊으로 삼아 의식과 절차의 모든 일을 다 전례에 의거하여 거행하라는 영조의 하교가 있었다.
8)　송나라 재상에 관한 책.
9)　세자익위사의 별칭으로 여기서는 홍대용을 가리킴.
10)　세자의 교육을 담당하는 관청인 세자시강원의 별칭. 춘방-계방. 여기서는 한정유를 가리킴.

별다른 방법이 없고 선하지 않음을 알면 빨리 고쳐서 선함에 따를 뿐이라는 뜻입니다.

동궁 계방은 지난 달에 새로 임명된 홍시직이오? 학업에 매우 독실하다는 말을 들었소.

한정유 신이 홍시직을 잘 모르긴 하오나 유교 경전에 공부가 깊으며 과거 공부만 하는 선비는 아닌 줄로 아옵니다.

동궁 (한정유를 바라보며) '형기지사形氣之私'라는 글의 의미를 다시 생각해 보니 어떻소?"

한정유 신이 물러나가 다시 보았는데 저하의 말씀이 매우 타당하다고 생각합니다.

동궁 계방은 경학經學 공부를 하는 사람이니 반드시 자신의 견해가 있을 것이오. 상번上番[11]이 시험삼아 어제 이야기한 것을 가지고 물어보시오.

---

11) 서연에 들어가는 사람을 상번, 들어가지 않는 사람을 하번이라 한다. 여기서는 한정유를 가리킴.

한정유   (홍대용을 바라보며) 『중용中庸』 서문에 '형기지사'의 사私와 '인욕지사人慾之私' 사私가 있는데, 두 '사'자의 뜻이 같습니까? 다릅니까?

홍대용   제가 이 글을 읽은 지 오래되어 갑자기 기억할 수 없으나 다만 두 '사' 자의 뜻은 한 이치를 말한 것으로 다르게 볼 필요가 없을 듯합니다.

동궁   지금 여기에 『중용』 책도 없는데, 어떻게 다 일일이 기억할 수 있겠소. 내 의견이 옳다는 것이 아니라 마침 그렇게 이해했기 때문에 우연히 말한 것일 뿐이오. 일반적으로 『중용』 서문에 나오는 '형기지사'의 '사'는 배고프면 먹고 싶고 추우면 입고 싶은 것처럼 남은 그렇지 않은데 나 혼자 그러하다는 의미이고, '인욕지사'의 '사'는 곧 욕심에서 우러나오는 사적인 생각을 말하니 모든 사람의 마음에 없을 수 없는 것을 의미하는 것은 아닐 것이오. 또 그 아래 '두 가지가 마음 속에 섞여 있다'의 두 가지와 그 아래 '정밀하게 이 두 가지를 살핀다'의 두 가지 역시 서로 뜻이 같지 않은 것 같은데 어떻게 생각하시오?

한정유   제 생각에는 계방에게 물러가 검토한 뒤에 다시 아뢰라 하는 것이 좋을 듯합니다.

홍대용　다시 검토하여 생각해 본 뒤에 말씀드리는 것이 타당할
　　　　　듯하오니 저하께서 다음에 다시 하문하신다면 우러러 아
　　　　　뢰겠습니다.

동궁　(홍대용을 바라보며) 『중용』에 '솔성지위도率性之謂道'라는 말이
　　　　나오는데 이 '솔率' 자는 무슨 뜻이오?

홍대용　이 '솔' 자는 말로 표현하기 매우 어렵습니다. 일반적으로
　　　　　는 '공부工夫에 들어가는 길'인 듯하나 이전 선배 학자들은
　　　　　모두 그렇게 해석하지는 않았습니다.

동궁　이 '솔' 자는 공부라고 해석하면 안되오. '큰 길을 따른다'
　　　　고 할 때처럼 '성性에 따라서 행하는 것을 곧 도道라고 한
　　　　다'고 해석해야 옳소.

홍대용　신이 선배들에게 들은 해석도 저하께서 말씀하신 것 같이
　　　　　'성에 따라 행한다'는 것이었습니다.

동궁　중국 송나라 문정공文定公 호안국胡安國이 정호와 정이 두
　　　　선생의 문집을 개정한 것에 대해 어떻게 생각하시오?

홍대용　신은 식견이 넓지 못하여 문정공이 개정했다는 책자는 보

지 못했으나 이미 주자의 정론이 있었으니 그 잘잘못은
더 이야기할 것이 없습니다.

동궁 송나라 학자 남헌南軒 장식張栻 같은 어진 사람도 이리저리
둘러대어 의리에 해가 되는 일을 했으니 또한 이상하지
않소?

홍대용 설령 그의 문집 중에 이치를 해치는 말이 있다 할지라도
'의심스러운 것은 그대로 전해야 한다'는 법을 지켜야 하
는데, 하물며 반드시 해쳤다고 할 수는 없지 않겠습니까?
이것은 사마천이 말한 '천 번 생각하는데 한 번 잘못이 있
다(千慮一失).'는 것과 같은 것입니다. 그러므로 옛사람들이
덕이 점점 높아질수록 마음을 더욱 작게 하는 것은 오직
객기와 사심으로 그르치는 바가 될까 두려워했기 때문입
니다.

동궁 (환한 얼굴로) 그 대답이 매우 좋소. 덕이 높아질수록 마음을
작게 한다는 것은 참으로 학문을 하는데 절실한 말이 아
닐 수 없소.

이어서 중국 송나라 명유들인 명도 정호程顥와 이천 정이程頤 형
제의 학문하는 태도에 대해 강론했다. 명도 정호는 토론을 하다가

자신과 다른 의견이 나오면 '다시 생각해 보자' 하였고 이천 정이는 바로 그 자리에서 '옳지 않다'고 하였다는 주자의 기록을 근거로 한 것이었다.

동궁 두 선생의 의견이 같지 않으니 지위로 말하면 명도가 비록 높으나 이천의 엄격한 태도는 초학자로서 모범으로 삼아야 마땅할 것이오.

홍대용 신이 들은 바도 그렇습니다. 대개 명도는 온화하고 이천은 근엄했다 하는데, 근엄함을 앞세우면 마침내 온화하게 될 수 있으나 온화함을 먼저 앞세운다면 반드시 세속에 물들게 될 것입니다.

동궁 옳은 얘기요.

홍대용 일반적으로는 그렇지만 만약 이와 같이 서로 말이 일치하지 않는다면, 신의 생각에는 이천과 같은 견해가 없다면 '무슨 일이건 결론을 서둘러서는 안된다'는 정명도의 의론을 배우는 것이 타당할 듯합니다. 대개 학자의 병통 중에 자신을 과신하는 것보다 더 심한 것이 없기 때문입니다.

동궁   그렇긴 하오만 초학자로서 아주 명백하게 자신할 만한 것이 있다면 바로 '옳지 않다'고 말한들 그 또한 무슨 해로움이 있겠소?

홍대용   신의 생각은 『예기禮記』에 이른바 '의사무질 직이물유疑事毋質 直而勿有' 즉, 의심스러운 것은 자신이 바로 잡아 결정짓지 말고 자기 의견을 진솔하게 말할 뿐 옳다고 고집하지 말라고 한 것과 같은 의미를 말하는 것이지 한결같이 애매모호하게 결정을 내리지 말라는 뜻으로 드린 말씀은 아닙니다.

동궁   정호와 정이 두 분 같은 큰 학자의 집안에도 두 번 시집간 딸이 있었으니 어찌 의심스러운 일이 아니겠소? 이천은 '굶주려 죽는 것보다 절개를 잃는 것이 허물이 더 크다'고 주장한 사람인데 어찌하여 그 가족마저도 감화시키지 못하고 두 번 시집을 보내 절개를 잃는 데 이르도록 했겠소?

홍대용   '절개를 잃는 것이 허물이 더 크다'고 한 것은 올바른 교훈입니다. 그러나 두 번 시집가는 것은 중국의 흔한 결혼 풍속으로 특별히 절개를 지키고자 하는 사람이 아니면 오래전부터 부끄럽게 여기지 않았습니다. 누구든 이미 세간의 습속에 물들어 정조를 지키지 못하면 그저 당사자에게 맡

겼을 뿐이었으니, 이른바 '보통 사람으로 기대하면 따르게 하기 쉽다'는 말이 바로 그에 해당되는 것입니다. 꼭 강제로 만류하여 보내지 않는다면 개가하는 일보다 더 심한 일이 일어날지 어찌 알겠습니까?

동궁 (동궁이 홍대용의 대답이 맘에 들었는지 한정유를 돌아보면서) 이 일은 그렇게 보는 것이 매우 좋겠소.

동궁 (다시 질문을 던지며) 또 이상한 일이 있소. 이천 같이 삼가 예절을 지키는 사람이 명도가 죽은 후 종통宗統을 빼앗아 버린 것은 무엇 때문이겠소?

홍대용 사실 선현들의 언행에서 이런 일이 한두 가지가 아닙니다. 대개 이천도 종법을 말하지 않은 것은 아니지만, 주자에 이르러 종법이 더욱 엄해졌습니다. 이미 주자의 정론이 있으니 이천의 이 일은 현자를 위해 피하여 두고 논하지 않는 것이 옳다고 봅니다.

한정유 '현자를 위해 피하자'는 계방의 말이 매우 좋습니다.

동궁 물론 그렇게 볼 수밖에 없기는 하나 끝내 그 연유를 알지는 못하겠소.

홍대용 신이 그에 관한 글을 본 적이 없어 감히 확정적으로 말씀
드리지는 못하나 선배들에게 들은 바로는 부친인 태중대
부 정향의 유언이 있었기 때문이라고 합니다.

동궁 유언했다는 사실을 어느 책에서 보았는지 기억은 안나지
만 그런 이야기를 들은 적이 있소.

홍대용 비록 그런 유언이 있었다 할지라도…(내가 말을 채 끝맺기 전에)

동궁 역시 태중이 임종 시에 정신이 혼미할 때 내린 유언이었
을 것이오.

홍대용 저도 그렇다고 생각합니다.

갑오년(1774, 영조 50)
12월 4일
경희궁 존현각

진시辰時(오전 7~9시)에 소대召對하라는 명이 있어 존현각에 도착하여 방으로 들어갔다. 『주서절요』 제6권 중 「한무구韓無咎에게 답한 편지」와 「예국기芮國器에게 준 편지」, 「정경망鄭景望에게 답한 편지」를 읽었다.

한정유가 '정이천의 학제學制가 당시 사람들에게 오활(세상 물정에 어두움)하다는 말을 들었다.'라는 대목을 가지고 말하였다.

한정유   예로부터 세상 사람들은 유학자의 말을 오활하다고 여겼
         습니다. 원래 유학자와 세속인은 서로를 이해할 수 없는
         사이입니다. 저하께서 설령 장래에 유학자를 등용시켜 조
         정에 두고 싶으시다 해도 끝내 세평에 흔들리지 않는다고
         어찌 장담하겠습니까?

동궁   내가 먼저 마음속에 자세하고도 적절한 생각과 법도를 갖
        추면 세평에 영향을 받아 일을 그르치거나 하지 않을 것
        인데 이것이 아마도 가장 어려운 일일 것이오. 이것에 대
        해 계방은 어떻게 생각하오?

홍대용   저하의 말씀이 옳습니다. 또 정이천의 학제는 대략『소학
        小學』에 실려 있는데 끝내 시행되지 못한 것이 천고의 한입
        니다.

동궁   오! 그런 내용이『소학』에 있었소? 어릴 적에 대강 읽어서
        전혀 기억할 수 없소.

홍대용   학제를 자세히 읽어 보면 대개 선비 기르는 방법을 말한
        것입니다.

동궁   채확蔡確 같은 인물은 무엇 때문에 채신주蔡新州라 일컬어
        졌소?

홍대용   옛사람의 말에 이런 것이 매우 많습니다. 진晉 나라에서는
        왕돈王敦을 일컬어 대장군이라 했고, 주자도 진회秦檜를 일
        컬어 동창東窓이라 했습니다.

동궁 이것이 옛사람의 충후한 어법이었구려. 범충선范忠宣[12]은 간신 장돈章敦마저도 너무 지나치게 용서했소. 그가 배를 타고 가다가 바다에서 풍파를 만나자 주변 사람들에게 '그대들이 매사에 장돈 탓을 하는데 이 풍파도 장돈 탓인가' 하였으니, 이는 너무 심하게 너그러운 것이 아닌가 싶소.

홍대용 군자란 소인이 악을 표출하기 전까지는 감싸고 포용하여 나쁜 마음을 고치게 합니다. 그러나 그 악이 이미 나타났으면 아주 미워하여 물리치는 것을 조금도 늦추지 않습니다. 하물며 범충선 같은 사람이라도 겉으로는 충후한 뜻을 보이면서 속으로는 음흉하게 사리사욕만 채우는 자를 미워하지 않을 수 있겠습니까?

동궁 원우元祐시대[13] 여러 현인이 왕안석의 신법을 모두 고친 것은 너무 과도한 것이었소. 왕안석이 너무 고집을 부리다가 나라를 그르쳤으니, 진실로 미워할 만하고 신법도 폐단이 많았다는 게 내 생각이오. 그러나 백성의 부역을 면제해주는 법이나 보갑제 같은 법은 주나라의 제도이고,

---

12) 중국 북송 때 관료 범순인范純仁(1027~1101)으로 '포의재상布衣宰相'이라고도 불린다.
13) 중국 북송 철종의 연호. 나이 어린 철종이 즉위하고 태황태후 고씨가 섭정하면서 구법당의 사마광을 등용하여 왕안석의 신법은 폐기되었다.

왕안석이 생각해 낸 것은 아니었소. 그런데도 왕안석이 만들었다 해서 그 제도까지 없애버리는 것은 지나친 것이었소. 이른바 사마광은 비록 재상으로서 업적은 있었으나 학술적인 면이 부족하여 일 처리에 착오가 많았고, 그가 지은 저서 또한 의리를 높이지 않아 잃어버린 부분이 많았소. 채경蔡京[14]에 대해 알지도 못하면서 그가 닷새 만에 신법을 다 고친 것만을 통쾌하게 여겨 마침내 왕안석을 왕안석으로 바꾼 꼴이 되었으니, 어찌 잘못이 아니겠소? 또 그는 밤이 되면 '중中'자를 생각했다 하나 이것 역시 매우 좁은 생각이었소. 함양涵養과 치지致知를 구하지 않고 오로지 '중'만 생각한다면, 자막子莫[15]의 융통성 없는 '중'처럼 되지 않을지 어찌 알겠소?

홍대용   온공溫公(사마광)은 밤에 잠을 못 이루면 '중' 자를 마음에 머무르게 하기 위해 마치 불교의 염주 세는 것처럼 하였다고 합니다. 이것만 보아도 그의 마음이 번잡하고 흔들려서 함양의 공부가 없었던 것을 알 수 있습니다. 함양의 공부가 없으면 반드시 치지에도 정밀할 수가 없습니다. 치

---

14)   채경蔡京(1047년~1126년)은 북송 말의 정치가. 신법의 이름으로 백성들에게 중과세를 징수하고, 대토목공사를 통해 왕실의 재정을 탕진시켰다. 이는 당시와 후세에도 그를 간신이라고 비판하게 하는 근거가 되었다.

15)   중국 전국시대 사람으로 변통성 없이 중용을 지킨 인물로 회자됨.

지에 정밀하지 못하면 일을 처리하는 데 어떻게 잘 할 수 있겠습니까? 이른바 학문과 사업은 반드시 함양을 근본으로 삼아야 할 것입니다.

동궁 원우시대의 여러 현인들이 채확이 별 생각없이 한 이야기를 잘못이라 비판하여 마침내 그가 죄에 **빠지게** 만들었으니, 광명한 군자의 처사라면 이럴 수 없는 것이오. 그 후로 소동파가 그가 지은 시 때문에 죄를 입은 것도 반드시 여기에 연유했을 것이오. 소자문邵子文[16]은 어떠한 사람인지 모르겠으나, "정명도의 소견이 범충선과 같다." 하였으니, 이러한 말은 매우 미워할 만하오. 정명도의 화기로운 기상과 범충선의 자기를 보전하려는 욕심을 어떻게 같다고 말할 수 있겠소. 소자문의 이 말은 비판 받아야 마땅할 것이오.

홍대용 소자문의 말은 정명도가 희풍대신熙豊大臣 왕안석과 함께 일을 하려고 한 사실을 지적한 것입니다.

동궁 그렇소. 정명도의 그 일은 성인聖人의 역량을 보여주는 것이오. 범충선이 어찌 감히 흉내낼 수 있었겠소. 만약 어떤

---

16) 소강절의 아들.

사람이 공자의 역량도 없으면서 남자南子[17]를 만났다면 옳다고 할 수 있겠소?

홍대용   정명도의 일은 동생인 정이천도 의심스럽게 여겨 사후에 정명도의 행장行狀에서 그 내용을 빼기까지 했는데, 정이천도 모르는 것을 범충선의 일에 어찌 감히 비길 수 있겠습니까?

동궁   왕안석이 실패한 후에 정명도가 '우리도 함께 책임이 있다'고 하였으니, 이것은 성인의 말씀이었소.

홍대용   저하의 말씀이 매우 타당합니다. 사람을 가르칠 때 이러한 정명도의 마음을 근본으로 삼는다면 반드시 붕당의 화가 없을 것입니다.

---

17)   춘추시대 위 영공의 아내로 음란한 여자였다. 공자가 남자를 만나고 온 소위 "자견남자"의 일화로 유명하다.

갑오년(1774, 영조 50)
12월 12일
경희궁 존현각

　　초경 3점(저녁 8시 20분경)에 소대하였다. 『주자절요』 제7권 「원기
중袁機仲에게 답한 편지」를 필선弼善 서유신徐有臣과 겸사서兼司書 신재
선申在善이 읽었다. 서유신이 글의 뜻을 대략 아뢰었고, 신재선과 나
는 "별로 아뢸 것이 없습니다." 고 아뢰었다.

동궁　　오늘 편지는 매우 깁니다. 계방은 내용 중에 아뢸 만한 것
　　　　이 없소?

홍대용　　별로 아뢸 만한 것이 없습니다.

동궁 (한참 정적이 흐른 후) 원기중[18]은 고집이 센 사람이었던 것 같은데, 주자는 어째서 자세히 설명하여 의견을 귀일歸—시키지 않고 '입을 닫고 말하지 말고 각자 자신의 소견만 지키자'는 자세를 취했을까?

서유신 원기중이 고집이 세니 주자가 취한 처세가 당연할 따름입니다.

홍대용 만약 원기중이 허심탄회하게 받아들일 생각이 있었다면 주자도 반드시 그렇게 하지는 않았을 것입니다. 이미 원기중이 자기 생각을 고집하는 것을 본 이상 번거롭게 논쟁의 꼬투리를 만들게 되는 것을 옳지 않게 여긴 것입니다. 춘방(서유신)의 말이 옳습니다. 또 이것은 「육상산陸象山에게 준 편지」에 '나날이 진보하고 발전한다' 말과 같으니, 맹자가 '가르치고 싶지 않아서 거절하는 것도 역시 가르치는 방법의 하나이다'라는 이른바 '불설지교不屑之敎'에 해당하는 것입니다.

동궁 나도 이 말을 인용하여 논증하려던 참이었소. 이른바 불

---

18) 원추(袁樞 1131~1205). 중국 송나라 때 학자로 사마광의 『자치통감』을 줄인 『통감기사본말』을 저술하였다.

설지교란 것이 옳소. (갑자기 생각났다는 듯이) 그리고 지난 번에 읽은 『중용』 서문의 의미를 계방은 다시 생각해 보았소?

홍대용   신이 물러간 즉시 바로 살펴보았으나, 그 후로 다시 하문이 계시지 않기에 감히 아뢰지 못했습니다. 두 '사私' 자의 뜻이 같지 않음은 지난번 저하의 말씀이 지극히 타당하시어 다시 의심할 여지가 없습니다. 다만, 위의 두 가지와 밑의 두 가지가 뜻이 다르다는 것은 저하의 뜻이 어디에 계신지 알 수 없으나, 신은 그 뜻이 다르다고 생각되지 않습니다.

동궁   아래의 두 가지라 한 것은 천리天理와 인욕人慾을 가리켜 말한 듯하오.

홍대용   저하께서 이미 신에게 하문하시는데 신이 어찌 감히 바로 대답하지 않겠습니까? 신의 생각으로는 위의 두 가지건 아래 두 가지건 모두 인심人心과 도심道心을 가리킨 것으로 여겨집니다.

동궁   (크게 웃으며) '입을 닫고 말하지 말고 각자 자신의 소견만 지키자'는 주자의 말 그대로군. 물론 내 말이 정답이라는 것은 아니오. (주제를 바꾸며) 요와 순과 우임금이 서로 전한 것이 실상 천고의 변하지 않을 심법心法이지만 '미발공부未發工夫(희로애락이 발출되지 않은 상태에서 체험적으로 인식하려는 공부)'를 빠뜨린 것인 만큼 본체없는 쓰임이 됨을 면치 못하오. 그러므로 하나로써 마음이 생기기 전과 후를 겸하고 마음이 움직이고 고요한 상태를 통하게 하기 위해 『중용』첫째 장의 계구戒懼의 뜻처럼 '혼자 있을 때도 몸과 마음을 경계'하고 싶은데 어떻게 생각하시오?

홍대용　예로부터 학문을 논할 땐 모두 발처發處에 따라 말했으니, '본체가 없는 학문'이라고 할 수는 없습니다. 순임금의 세 마디 말은 본래 '미발未發'을 말한 것이 아니므로 억지로 해석할 필요는 없을 듯합니다. 다만 '주정主靜'이니 '함양涵養'이니 하는 공부는 실상 학문의 두뇌가 되는 것입니다. 지금 저하께서 말씀하신 것이 비록 요와 순임금의 본의는 아니라 할지라도, 본원에 유의하여 큰 틀부터 먼저 세워야 한다는 뜻이니 찬송하는 마음 이루 다 말할 수 없습니다.

동궁　앵무새가 사람처럼 말을 한다지만 날아다니는 새에 불과한 것처럼 한낱 말만 가지고 무엇이 귀하다 하겠소. 아까 말한 것은 우연히 그런 소견이 있었던 것인데, 감히 자신

할 수 없어 남에게 물어보고 싶어도 글솜씨가 졸렬하여
능히 글을 적을 수 없었소. 그대들이 각자 자신의 의견인
것처럼 하여 경학에 높은 선비에게 널리 물어보는 것이
좋겠소.

서유신 '일一'이라는 것은 '성誠'이니, 고집을 말한 것입니다. 마음
이 움직일 때와 고요할 때 모두 통한다는 저하의 말씀이
매우 지당합니다.

홍대용 일이라는 것은 성일誠一이 아니라 인심人心이 도심道心의 명
령을 따르는 것을 말합니다.

서유신 신의 의견으로는 일은 분명 성일을 뜻합니다. 또한 일은
공경함을 한결같게 하라는 경敬입니다. 경은 진실로 동動
과 정靜에 모두 통하니 저하의 뜻이 매우 지당합니다.

홍대용 춘방이 말한 '공경함이 동정에 통한다'는 것은 비록 '정일
精一'의 본뜻은 아니지만 뜻은 아주 좋습니다.

서유신 옛 경전에 비록 없다 한들 이런 말이 나쁠 것이야 있겠습
니까?

동궁   (엄숙한 표정으로) 새로운 주장을 하는 것에 힘쓰는 것은 경전
을 공부하는 데 가장 큰 병폐이고 또 자신할 수도 없는 것
이오.

홍대용   저하의 말씀이 지당합니다. 경전을 강론하는 자가 한 글
자 한 글자 뜻풀이에만 힘을 쏟아서는 그 글이 담고 있는
깊은 깨달음을 얻을 수는 없는 것입니다. 전체적으로 절
실하게 체득하여 인식해야만 바야흐로 실효가 있고 또 깨
달음도 절실하게 될 것입니다.

동궁   (환한 표정으로) 그 말이 매우 좋구려. 옛사람이 말하기를, '한
가지를 알면 그 한 가지를 실천해야 한다.'고 하였소. 한갓
말만 하고 실천을 하지 않는다면 말이 어찌 이치에 맞을
수 있겠소? (이어서) 옛사람은 말보다 실천을 귀하게 여겼으
니 공자와 안자의 낙樂 같은 것도 어질 인仁을 몸소 체험하
고 실천해서 쉬지 않았기 때문에 그 가운데 낙이 있었던
것이오. 만약 도道를 즐겁게 여기기만 하는 것이라고 한다
면 이는 도와 몸이 따로 노는 것이니 공자와 안자의 낙을
모르는 것이오. 나와 같은 사람은 족히 말할 것이 못되지
만, 한 가지 일이라도 이치에 맞으면 마음이 기쁘고 흐뭇
하게 되니 이로 미루어 성현이 무엇을 가지고 즐거워 했
는지를 알 수 있겠소.

홍대용 저하의 말씀이 지극히 타당합니다. 그러한 마음은 사람마다 가지고 있으니 오직 그 마음을 확충해 나가는 데 달렸을 뿐입니다.

갑오년(1774, 영조 50)
12월 14일
경희궁 존현각

초경(저녁 7시~9시)에 소대하였다. 문학文學 유의양柳義養과 사서司書 안정현安廷鉉이 『주서절요』의 「주승상周丞相에게 준 편지」를 읽었다. 춘방이 글과 뜻을 다 아뢰었다.

동궁　이 편지는 꽤 내용이 긴데 계방은 문의할 것이 있소?

홍대용　특별히 아뢸 만한 것이 없습니다만, 주자가 인물을 논함에 공평하게 한 대목이 가장 볼만합니다.

동궁　범중엄의 비문을 고쳐 새긴 자는 누구였소?

유의양　그의 아들 범순인이 고쳤습니다.

동궁 계방은 범순인의 일을 어떻게 생각하시오?

홍대용 범중엄과 여이간呂夷簡이 서로의 원한을 푼 것은 범중엄에게 더욱 빛나는 일입니다. 그의 아들 범순인은 생각이 짧아 도리어 그것을 의심스럽게 여겼으니 이것은 그의 역량이 부족한 탓입니다. 심지어 비문까지 고쳐 새긴 것은 더욱 지나친 일이었습니다.

동궁 여이간은 동래東萊 여조겸呂祖謙의 조상인 것으로 아는데 몇 대나 되는지 아시오?

유의양 기억나지는 않는데 계방은 혹 알 듯합니다.

홍대용 신도 정확히는 알 수 없으나 여조겸에게 증조나 고조쯤 될 것입니다.

동궁 5대나 6대 정도로 본 듯 한데 나도 잊어버렸소.

유의양 여이간이 충성스럽고 현명한 인재들을 배척하고 곽황후를 폐위하라고 주장했으니 그의 죄가 아주 큽니다. 그러나 범중엄을 재등용하여 자신의 허물을 잘 보완했으니 이 일로 주자가 그를 용서한 것입니다. 계방이 말한 '인물을 논하는데 공평하게 했다.'는 말이 아주 적절합니다.

동궁   주자의 말을 들어보면 여이간을 전적으로 용서한 것은 아닌 듯한데 계방의 생각은 어떠하오?

홍대용   여이간의 죄는 더 말할 필요도 없습니다. 나중에 자신의 허물을 보완한 것은 뉘우침이나 깨달음이 있어서 그런 것이 아닙니다. 지모와 술수가 뛰어나서 자기 집안과 나라를 함께 이롭게 만들자는 계책으로 범중엄을 재등용시킨 것입니다. 잘못된 것을 좇고 악을 기르는 자에 비한다면 자신의 허물을 잘 보완했다고 평할 수 있지만, 그의 마음이 착하지 못함은 처음과 끝이 마찬가지입니다. 주자가 그의 공은 인정하면서도 그의 마음은 죄준 것이 바로 이 때문입니다.

동궁   음… '그 마음은 죄주었다…' 함은 진실로 옳은 말이오. 군자가 인물을 평할 때 후하게도 하지만, 악행에 대해서는 엄하지 않은 때가 없었소. 여이간은 환관 염문응과 가까이 지내며 곽황후의 동정을 엿보게 했고, 곽황후는 마침내 독약을 받았으니 여이간이 이 일에 관여하지 않았다고 보장하기 어렵소. 그의 사람됨은 더 말할 나위도 없으나 이신비李宸妃[19]가 죽자 관에 수은을 채워 시신이 썩지 않게 하여 후환에 대비한 일만 보더라도 그 지모가 뛰어나니 왕안석에 비할 것이 아니오.

홍대용 여이간이 여조겸 같이 허물을 덮을 만한 자손을 두지 못 했다면 틀림없이 주자에게 용서받지 못했을 것입니다.

동궁 진실로 그러했을 것이오.

유의양 계방은 들어온 지 얼마 되지 않았지만 글도 잘하고 박식 하여 고문으로 갖추어 둘 만합니다.

동궁 내가 본래 사람 보는 눈이 없어 뭐라 말하기는 그러하나 몇 번 보면서 충분히 그럴 만한 인물인 줄 알고 있었다. 글 읽는 사람은 사람마다 다른 점이 있는데 오직 나는 글만 을 볼 뿐 의혹을 품을 줄 모르니 어려운 것을 물어볼 수가 없구려.

---

19) 북송 인종의 생모로 황후 유씨에게 아이를 빼앗기고 죽음.

갑오년(1774, 영조 50)
12월 19일
경희궁 존현각

미시(오후 1시~3시)에 석강이 있었다. 빈객 정존겸鄭存謙·필선 이숭호李崇祜·겸사서 신재선申在善이 『주서절요』의 「강문통江文通에게 준 두 통의 편지」를 읽었으며, 춘방과 빈객이 글과 뜻을 아뢰었다.

홍대용   신은 별로 아뢸 만한 것이 없으나 두 번째 편지에서 논한 것은 오로지 격물치지格物致知에 관한 것입니다. 이때는 육상산象山의 학설이 한창 성하여 주자가 항상 격물치지 공부를 거듭 강조하였으니 당시의 형세가 그러하였던 것입니다. 다만 이 때문에 후학들이 훈고에만 치우친다면 그 폐단이 육상산의 학문보다 더 심할 뿐 아니라 도리어 주자의 뜻과 어긋나게 됩니다. 주자를 배우는 후학들은 먼저 격물치지부터 힘써 배우고 그 다음에 함양과 실천의 공부를 하여 지知와 행行 어느 한쪽으로 치우치지 않아야 비로소 주자의 본뜻을 잃지 않는 것입니다.

동궁   이 편지는 과연 격물치지만 말했구려. (정존겸을 보며) 빈객은 어떻게 보시오?

이보다 앞서 춘방이 '이 편지는 『중용』과 『대학』에 합치된다.'고 찬미했던 까닭에 빈객의 답변이 어물쩡하였다. 빈객은 엉뚱하게도 맹자의 '흐트러진 마음을 잡는다[求放心]'는 것에 대해 아뢰었다.

동궁   그에 대해서는 퇴계와 율곡도 각각 해설이 있었소. 대개 성인聖人이면 당연히 흐트러진 마음인 방심放心이 없겠지만, 안자顔子 이하의 자질은 모두 이 방심을 면치 못하는 것이오? (빈객이 이런저런 말을 하자 무시하고) 계방의 의견은 어떠하오?

홍대용   맹자의 본뜻은 단지 배우는 사람을 위한 것이며 엄밀하게 말씀드린다면 안자의 조그만 잘못 또한 방심을 면치 못합니다.

갑오년(1774, 영조 50)
12월 25일
경희궁 존현각

해가 질 무렵 초혼初昏에 소대하였다. 겸보덕兼輔德[20] 한정유韓鼎
裕·설서說書[21] 이태영李泰永이 『주서절요』의 「황문숙黃文叔에게 준 편
지」를 읽고 춘방이 글과 뜻을 아뢰었다.

홍대용   춘방이 이미 글과 뜻을 다 아뢰었으니 저는 별로 아뢸 만
　　　　한 것이 없습니다. 그때 황문숙[22]은 이미 외직으로 나갔
　　　　고 주자는 이미 파직당한 뒤였으며 한탁주韓侂冑[23]의 권세
　　　　는 불꽃처럼 성한 때였습니다. 천하의 일이 이미 어쩔 수

---

20)　세자시강원 정3품 벼슬.
21)　세자시강원 정7품 벼슬.
22)　송나라 황도黃度(1138~1213)의 자.
23)　한탁주韓侂冑(1152~1207)는 남송의 관리로 주자학을 탄압한 인물이다.

없는 상황이었지만, 주자는 한결같이 임금의 마음을 바로 잡고 유자儒者들을 보호하기 위해 권면하기를 이와 같이 하였으니 세상 사람들이 볼 때 누군들 오활하다고 하지 않겠습니까? 오직 군자의 충성심과 애국하는 마음만이 이렇듯 단 하루도 천하를 잊은 적이 없습니다. 그런데 이 같은 도학道學과 충후함을 끝내 당세에 펼칠 수 없었으니 이것이 천고의 한입니다.

동궁   과연 그러하오. 그때 그러한 말은 실로 오활한 것 같지만 현자의 마음은 더욱 볼 만하구려. (우암 송시열의 이야기를 꺼내며) 우암尤庵이 효종대왕을 추모하며 지은 만사挽辭[24]는 주자가 송나라 효종을 위해 지은 만사의 운韻을 따서 지었고, 주자는 감춘부感春賦가 있는데 우암에게도 그 운을 따서 지은 부賦가 있소. 게다가 산수山水에 이르러서도 주자는 무이武夷의 산수가 있고 우암은 화양華陽의 산수가 있소. 두 사람이 이렇듯 하나하나 부합되니 어찌 이상한 일이 아니겠소? 혹 화양동에 가 본 사람이 있소?

춘방   (한양 출신인 한정유와 이태영이 고개를 저으며) 가보지 못하였습니다.

24)   죽은 이를 슬퍼하며 지은 글.

홍대용　신은 여러 번 가보았습니다.

동궁　계방은 무슨 일로 화양동에 자주 가셨소?

홍대용　신의 시골 농장이 청주(현 천안시 수신면)에 있고 또 화양서원
　　　　에는 실무를 담당하는 책임자로 이른바 재임齋任을 두는데
　　　　신이 일찍이 황송하게도 그 자리를 맡은 적이 있어 여러
　　　　차례 왕래했습니다.

동궁　화양서원은 큰길에서 거리가 얼마나 되오?

홍대용　큰길에서 5리쯤 됩니다.

동궁　산수의 경치가 주자가 살던 무이와 비교하여 어떻소?

홍대용　무이의 산수는 가보지 못하고 그림으로만 봐서 그 대강만
　　　　짐작할 뿐이니 어찌 비교할 수 있겠습니까. 다만 화양의
　　　　산수가 비록 극히 맑고 기이하지만 한 동리가 십여 리에
　　　　불과합니다. 그러니 비록 구곡九曲도 있기는 있으나 크기
　　　　가 무이의 일곡一曲에 불과할 뿐입니다.

동궁　화양동에도 구곡이 있다는 말이오?

홍대용 그렇습니다. 과연 구곡이 있사온데 만동묘가 그 가운데 있고 만동묘 아래에 화양서원이 있습니다.

동궁 서원에서 주자를 제사 지내는 것이오?

홍대용 아니옵니다. 선정先正(송시열) 한 분만 향사합니다.

동궁 만동묘25)에는 위판位板(위폐)이 있소?

홍대용 단지 제사 지내는 묘우廟宇만 있고 위판은 없습니다. 향사를 지낼 때 지방紙榜으로 하고 제사가 끝나면 불에 태웁니다.

동궁 제사 지내는 절차와 예식은 어떠하오?

홍대용 이는 사림에서 사사로이 지내는 제사이므로 감히 황가皇家의 제사 전례를 쓸 수는 없고 다만 보궤簠簋와 변두籩豆26)로 서원 향례書院享禮처럼 합니다. 그런데 화양서원은 사액서원인 만큼 관청에서 제사 지낼 제물을 내려주지만 만동묘

---

25) 임진왜란 때 조선을 도와준 명나라 신종(만력제)과 명나라 마지막 황제 의종(숭정제)을 기리기 위하여 세운 사당으로 송시열의 유언을 받은 제자 권상하가 주도하여 설립했다.

26) 제기의 일종.

는 조정에서 관여하는 것이 예식에 어긋나 서원에서 비용
을 부담합니다.

동궁 그야말로 '한 칸짜리 초가집에서 초나라 소왕의 제사를
모시고 있는'[27] 셈이로군. 향사는 어느 때에 있소?

홍대용 3월과 9월의 상정上丁[일간에 정이 들어가는 첫째 날]에 있습니다.
만동묘 제사를 먼저 지내고 난 다음에 서원 제사를 지냅
니다.

동궁 명나라 의종이 쓴 '비례부동非禮不動(예가 아니면 움직이지 않는
다)'이란 네 글자가 서원에 있소?

홍대용 서원에서 백 걸음쯤 떨어져 있는 계곡 바위 위에 자그마
한 정각을 세우고 이름을 '운한각雲漢閣'이라고 하였는데
거기에 '비례부동' 네 글자와 다른 어필 서너 장을 보관하
였고 아울러 그 글씨를 돌에 새겨 오래도록 전하게 하였
습니다.

동궁 만동묘와 화양서원은 언제 창건한 것이오?

---

27)   초나라 소왕의 사당에서 짓다題楚王廟라는 당나라 시인 한유韓愈의 시를 인용한 것이다.

홍대용　만동묘는 송선정(송시열)의 유시를 받들어 그의 문인인 수
　　　　　암 권상하가 세웠으며 바로 이어서 화양서원도 설치하여
　　　　　송선정을 향사했습니다.

동궁　　수암(권상하)은 문묘에 배향되었소?

한정유　아직 되지 않았습니다.

동궁　　그를 숭모하는 뜻에서 권선정權先正이라 부르면 어떻겠소?
　　　　　문묘에 배향되지 않으면 선정이라는 호칭은 쓰지 못하는
　　　　　것이오?

한정유　예로부터 이름난 재상을 일컬어 가끔 선정이라 한 사례가
　　　　　있는 것을 보면 꼭 문묘 배향에 구애되는 것은 아닌 듯 합
　　　　　니다. 유현儒賢이라면 선정이라 일컬어도 무방할 것입
　　　　　니다.

동궁　　『우암집尤庵集』은 언제 간행했소? 조정의 명령으로 한 것
　　　　　이오? 아니면 개인이 한 것이오?

홍대용　신이 자세히는 알 수 없으나, 송선정의 증손인 송무원이
　　　　　그 일을 주관한 것으로 보아 개인이 비용을 들여 간행한

것으로 보입니다.

동궁 내 생각엔 조정의 명으로 한 듯하오. 궁궐 안에 오래된 『우암집』열 질이 있는데 만약 개인의 힘으로 했다면 그렇게 많이 제작하지는 못했을 것이오. 종이 질도 매우 좋은데 모두 짝이 안 맞고 몇 권은 없어져 내가 최근에 정리해 보니 겨우 두 본만이 완질이었소. 책에는 인장도 찍혀 있는데, 우리 전하께서는 서적에 인장을 쓴 일이 없었으니 숙종대왕 때에 간행한 것이 분명하오. 그나저나 『우암집』은 끝내 수정할 수 없는 것이오?

홍대용 사림에서도 현행본에 쓸데없는 것과 잡스러운 것이 섞여 있을 뿐 아니라 누락된 것 또한 많다 하여 매번 수정하자는 논의가 있었으나 일이 중차대한 관계로 주관하는 사람이 없어 지금껏 이루어지지 못했습니다.

동궁 『우암집』에 서문이 없는 것은 무슨 이유이오?

홍대용 사체가 중하여 감히 쓸 사람이 없었기 때문입니다.

동궁 어찌하여 수암이 짓지 않았소?

홍대용   감당할 수 **없다**는 수암의 겸손인 듯합니다.

동궁   『주자대전』이 천지 사이에서 소멸될 수 없는 것이니 『우암집』이라고 해서 어찌 수정될 날이 없겠소. 듣건데 묘문墓文을 고치기가 곤란하여 수정을 못한다고 하던데 그 말이 사실이오?

홍대용   역시 그렇습니다.

동궁   자손으로서 내용을 고치기 싫어하는 것은 당연한 것이오. (홍대용을 보며) 중봉 조헌도 선정으로 일컬어지니 문묘 배향 여부와는 관계가 없는 것 같소. 중봉의 학문이 과연 율곡이나 우계에 필적하겠소?

홍대용   그의 학문에 대한 조예를 감히 율곡과 우계에 견줄 수야 있겠습니까마는 그의 지극히 공평한 정성이나 완전히 갖추어진 오륜은 천고에 그 짝이 없다고 봅니다. 실천한 행실이 이와 같으니 그의 학문을 가히 알 수 있습니다.

동궁   그가 아내를 장사지낼 때에 병화의 침범이 없을 장소를 택하였고 또 하늘에서 울리는 북소리를 듣고 풍신수길의 출병을 미리 알았다 하던데 어찌 그토록 신묘한 재주가 있는 것이오?

한정유   전에 어떤 사람이 이 일로 송선정에게 물었더니 선정이 '중봉이 어찌 술법을 가졌겠는가? 다만 지극한 정성이 귀신같았을 뿐이다.'고 대답하였답니다.

홍대용   이지함은 호를 토정土亭이라 하였는데 우리나라의 기인으로 특히 천문에 밝았습니다. 중봉이 일찍이 그를 스승으로 섬겼으니 중봉의 미래를 아는 술법 또한 토정에게서 나왔을 것입니다.

동궁   토정은 덕이 높은 선비요. 정력 또한 남들과 크게 달랐다고 하던데?

홍대용   제주에서 여색을 받아들이지 않았다는 이야기 말씀입니까?

동궁   그렇소.

홍대용   그분들이 그러한 성취를 이룬 것은 모두 실심實心과 실학實學을 하였기 때문입니다. 그들이 진실로 실천은 하지 않고 빈말에만 힘썼다면 당시에 그런 일을 성취하지 못했을 것이고 후세에 그와 같은 이름을 남길 수 없었을 것이니 학문이라 할 수도 없을 것입니다.

동궁 진실로 그러하오. 공자도 '빈말은 일을 행하여 절실하고 분명하게 나타내는 것만 못하다.'고 하였소. 그러나 빈말도 차마 버릴 수 없는 때가 있소. '십 년 동안 행했어도 이루어진 것이 없다면 문을 닫고 약속도 끊어버림이 가할 것이다.' 하였으니, 이와 같은 빈말은 후세에다가 대의를 밝혔기 때문에 지금까지 그것에 의지하고 있는 것이오.

홍대용 그것은 빈말이 아닙니다.

동궁 우계가 벼슬하기 전인 포의布衣 시절에 명나라 사신과 학문을 강론하는 일로 원접사遠接使의 막객이 되어 의주에 갔다던데 이 일을 어떻게 생각하시오?

홍대용 신은 듣지 못한 이야기입니다. 석주 권필 같은 이가 이런 일이 있었다고 전하나 성혼 선생은 아마도 이런 일이 없었을 듯합니다.

동궁 내가 잘못 알았던 것인가. 성선정(성혼)의 집은 어느 곳에 있었소? 임진년 파천할 때에 어떤 사람이 길 가의 어떤 집을 가리키며 성선정의 집이라 하고 빨리 달려와 임금께 문안하지 않았다는 것으로 그를 모함했다고 하던데 과연 이런 일이 있었겠소?

한정유 과연 그런 일이 있었습니다. 성선정의 집은 큰길에서 수십 리나 떨어져서 갑작스럽게 파천하는 소식을 미처 들을 수 없었습니다. 임금이 타신 어가가 임진강을 건널 때 이홍로란 자가 길옆의 어떤 집을 가리키면서 '이것이 성 아무개란 자의 집입니다. 국가의 위급함이 이와 같은데 어찌 어가를 호위하라는 명을 어길 수 있습니까?'라고 하였으니, 소인이 군자를 무고함이란 이렇듯 참혹하고도 독한 것입니다.

동궁 그의 자손은 누구요?

한정유 현재 성아무개와 성아무개가 있습니다.

동궁 성선정의 자손을 물은 것이 아니라, 이홍로의 자손을 물은 것이오.

한정유 이홍로의 자손으로 이아무개라는 자가 있었는데 광해군 때 죄를 지어 죽었습니다.

동궁   무슨 죄를 지었던 것이오? 폐모 사건에 관련되었던 것
       이오?

한정유 아니옵니다. 광해 초기에 유영경과 같은 죄였습니다.

동궁   그렇다면 폐모 죄에 비해 죄가 조금 덜하다는 것이오? 그
       러면 우계는 언제 용만(의주)으로 달려가 문안했소?

홍대용 우계가 선조대왕께서 파천했다는 이야기를 듣고 아들을
       보내어 탐문하니 왕이 타신 어가가 벌써 지나갔다고 하므
       로 부득이 산중으로 피난했던 것입니다. 광해가 분조分朝
       하여 우계를 부르니 우계는 부름에 응하여 힘껏 의주로
       갔던 것인데 이홍로의 무리는 또 당나라 숙종의 영무靈武
       에서의 일을 들어 참소했습니다. 선조대왕의 총명이 아니
       었다면 우계는 필시 화를 면하지 못했을 것입니다.

동궁   효종대왕께서 『심경心經』을 즐겨 읽었다 하여 인산因山(왕의
       장례) 때 대비전에서 그 책자를 신광神壙에 넣으라고 명했다
       하는데 계방도 이런 이야기를 들은 적이 있소?

홍대용 신은 듣지 못했습니다. 일찍이 효종대왕께서 보시던 『심

경』 속에 들어 있던 서산書算[28]이 몹시 때 묻고 낡아 떨어졌는데 송선정이 이를 외부에 전하여 지금까지 칭송된다고 합니다.

동궁   『심경』을 신광에 넣었다는 일도 과연 있었소. 『우암집』의 「김연지金延之에게 준 시」에 적혀 있는 주석에 이 사실이 적혀 있으니 나가서 상고해보는 것이 좋겠소.

이어서 송나라 광종과 영종을 논하였다.

동궁   조여우趙汝愚의 잘못이었소. 황제 자리를 양위하는 일을 왜 백관과 함께 직접 태후에게 청하지 않고 한탁주와 환관 관례關禮 무리들과 사사로운 방법으로 대사를 도모했는지…. 한탁주는 외척이고 관례는 환관이오. 대신으로서 어찌 외척이나 환관 함께 나라의 대계를 도모한단 말이오? 또 기왕에 한탁주를 통해 일을 이루었으면 수고를 갚아 욕심을 채워 준 뒤 멀리하여 그가 정권을 마음대로 농단하지 못하게 했어야 하거늘 그렇게 하지 못하고 도리어 쫓겨나는 신세가 되었으니 '예를 잃은 가운데 또 예를 잃은 자'라 할 수 있겠소.

28)   책을 읽은 횟수를 기록해 놓은 물건.

이어서 사전祀典에 대해 논했다.

동궁   내가 일전에 종묘 향사에 대리로 참석한 일이 있는데 구
성九成[29] 등 제례악이 잘못된 점이 많았소. 악장이란 으레
길고 짧음의 장단이 있는 법인데 시종 잔 올리는 속도에
맞추고 있었소. 제1실 악장을 다른 실에도 두루 사용한 것
은 더욱 잘못된 듯하오. 또한 무무武舞를 보니 태평소 등이
군악이었고 아악雅樂이 아니었소. 이런 것은 모두 바로 잡
아야 할 것이오. 예로부터 '악관樂官을 밝히는 것은 마땅하
고 악음樂音을 밝히는 것은 부당하다.'고 하였으나 이것은
지엽적인 것에 불과한 것이오. 내가 들으니 국초에는 중
국의 칙사를 맞이할 때 가전駕前 고취(취타)를 경복궁에서
남대문까지 첫째 장을 사용하고 남대문에서 사신이 묵는
모화관까지 둘째 장을 마치도록 했소. 그러나 선조대왕
때 와서 악의 절주節奏가 점점 단축해져서 칙사를 맞을 때
남대문도 못가서 두 장이 모두 끝나게 되었소. 머지 않아
임진년 변고가 있었으니 악률의 이치는 쉽게 알 수 없지
만 그 음절의 느리고 빠름이야 어찌 알지 못했겠소? 효종

---

29)   종묘제례악 중에 조상의 문덕을 칭송하는 보태평保太平 중의 첫 곡인 희문을 9번 연주하는데
이를 구성九成이라고 한다.

대왕의 성스러운 덕이 어찌 탁월하다 아니할 수 있겠소? 그런데도 존호가 겨우 여덟 글자이니 열성 중에 없던 일이오. '장무章武'라는 두 글자는 소열昭烈(유비의 연호)을 본딴 것이라고 하는데 과연 그러하오?

한정유 장무는 과연 유비의 연호입니다.

동궁 태조대왕께 존호를 더 올린 것은 송선정이 건의한 것이오?

한정유 그런 것 같습니다.

홍대용 이는 과연 송선정이 건의한 것입니다. 그러나 남계 박세채는 그 당시 다른 주장을 했습니다.

동궁 송선정이 청한 이유는 무엇이며 박세채의 다른 주장은 무엇이오?

홍대용 송선정은 태조대왕의 위화도회군을 존주대의를 밝힌 것이라 하여 존호를 청했고, 박세채는 위화도에서 회군한 일은 거론할 수 없다 하여 다른 주장을 내세웠던 것입니다. 박세채의 생각은 오로지 이 일만 관련된 것은 아니어서 선비들의 사론이 분열되는 계기가 되었습니다.

동궁   그 일은 나도 이미 알고 있는 바이오. 박세채의 문집인
       『남계집南溪集』을 계방도 보았소? 그의 예설을 어떻게 생
       각하오?

홍대용 책 분량이 많아 다 보지 못했으나 예설은 사람들이 꽤 이
       용합니다.

동궁   문집이 몇 권이오?

홍대용 50~60권쯤 됩니다. 미처 간행되지 못한 소소한 저술도 많
       다고 합니다.

동궁   그의 자손이 경상감사가 되었을 때 문집을 간행하였다던
       데 과연 그렇소?

한정유 신은 듣지 못했습니다.

동궁   그의 문집을 보니 좀 박잡한 것이 있는데 잘못 편집된 듯
       하오.

한정유   청색과 홍색 두 가지로 점 찍은 일이 있었습니다.

동궁   그렇소. 효종대왕 때 우암이 조정에 들어오면서 다섯 공
주가 비록 깊은 궁궐에 있었으나 화장품 중에 조금이라도
사치스러운 것은 모두 거두어 감추게 하였소. 송선정의
위풍은 왕실까지 두려워한 것이 이와 같았고, 또 누각동
에 있는 다섯 공주의 집도 선정의 한 마디 말에 당장 없앴
으니 당시 군신 간의 만남을 가히 상상할 수 있겠소.

한정유   새로 간행한 『주자대전』은 오자가 너무 많으니 한 번 개
정하는 것이 좋겠습니다. 춘방과 계방에게 나눠주고 정밀
히 상고해서 틀림없게 하는 것이 좋을 듯합니다.

동궁   매우 힘든 일이기 때문에 반드시 어렵게 여길 것이오. 『주
자어류』에 토를 다는 일도 아직 끝나지 않았으니 말이오.
사어司禦[30]가 다는 것도 아직 완료되지 않았소?

홍대용   저번에 끝낸 것을 보고 올리려고 하였는데 '너무 서두르
지 말고 더욱 정밀하고 자세히 해야 되지 않느냐.'는 저하
의 예교가 계시다는 말을 들어서 다시 가지고 갔습니다.

---

30)   세자익위사의 종5품 벼슬

동궁　　계방이 보았다니 그가 단 토가 어떻던가?

홍대용　신이 자세히 보지는 않았으나 사어는 경학에 노련한 선비
　　　　　라 정밀하게 잘 달았을 것입니다.

동궁　　『주자어류』에 토를 달기란 매우 쉽지 않소. 나도 읽은 적
　　　　　이 있는데 간혹가다 아주 어려운 곳이 있었소.

홍대용　저하의 말씀이 진실로 옳습니다. 언문으로 토를 다는 것
　　　　　은 우리나라의 풍속이고 중국엔 구두만 있습니다. 경전은
　　　　　비록 부득이 언해를 둔다 할지라도 『주자어류』 같은 서책
　　　　　은 필요가 없을 것입니다.

동궁　　계방의 말이 옳소.

을미년(1775, 영조 51)
1월 21일
경희궁 존현각

소대를 하였다. 겸문학兼文學[31] 정민시와 겸사서 홍국영이 『주서절요』의 「위원리魏元履에게 답한 세 편지」를 강론하였다. 그동안 연대筵對를 오랫동안 하지 않아 홍국영이 달사達辭[32]를 올려 청했더니 동궁께서 아름답게 여기고 즉시 주강晝講을 하라는 영을 내렸다. 이어서 저녁에도 규례에 따라 소대했는데 춘방이 글과 뜻을 다 아뢰었다.

홍대용   이 편지에 '논어論語를 읽고 문리를 얻으면 나머지 경서들은 저절로 알게 된다.'고 하였습니다. 『논어』는 누구나 읽

---

31)   세자시강원의 정5품 벼슬.

32)   왕에게 아뢰는 계사啓辭와 구분하여 대리청정을 하는 세자나 세손에게 아뢰는 것을 말함.

는 책이지만 『논어』를 읽는다고 해서 다른 모든 경서를 저절로 알게 되었다는 말은 들어보지 못했습니다. 그러나 책을 이와 같이 익숙하게 읽지 않으면 실상 유익함이 없습니다. 이것이 어찌 『논어』에만 해당되겠습니까? 무릇 책을 읽는 것은 반드시 이와 같이 한 이후에야 참다운 독서라 할 것입니다.

동궁   그 말을 들으니 나 같은 사람은 『논어』를 읽었다고 할 수 없겠소. 좀 전에 마침 『논어』에 있는 '바른 말로 나를 깨우쳐 주니 따르지 않을 수가 있겠는가(法語之言 能無從乎).'라는 한 구절을 상고할 일이 있었는데, 이 구절이 어느 편에 있는지 몰랐으니 부끄러운 일이 아니겠소. 계방은 어느 편이 있는지 기억할 수 있겠소?

홍대용   신 또한 어느 편에 있는지 기억하지는 못합니다. 경전에 익숙한 나이든 선비들도 기억하지 못한 일이 많습니다. 독서란 그 글의 의미를 마음속에 잘 담는 것이 귀한 것이지 이 글이 어느 책 어느 부분에 있는지를 기억하지 못한다고 부끄럽게 여길 필요는 없습니다. 이 글에 '책을 읽으면서 먼저 자신의 견해부터 세우려는 마음을 먼저 가진다면 생각이 이미 바깥으로 질주하는 것'이라 하였습니다. 책을 저술하는 일은 본래 초학자의 일이 아닙니다. 이런 마음이 조금이라도 있으면 바깥으로 질주하는 것을 면하지 못하는 것이니 독서를 할 때 경계로 삼아야 마땅할 것입니다.

동궁 장자방張子房[33])이 유유자적하였으나 지략이 지나쳐 조금 속이는 면이 있었다고 보오. 제갈공명도 미치지 못한다고 한 것은 장자방에게 미안하지 않겠소?

홍대용 장자방은 일을 할 즈음이면 때를 기다리고 기회를 보면서 자취를 드러내지 않고 기척도 없었으니 이른바 '조용한 모습'이라고 한 것입니다. 대개 그의 깊고 두터운 기국과 역량은 '제갈공명도 미칠 수 없다.'는 말을 선배들도 많이 하였습니다.

동궁 법어法語라는 말이 과연 『논어』 어느 편에 있는 것이오?

다들 기억할 수 없다고 대답하였다.

홍국영 시강원에 『논어』가 있으니 가져와서 보면 찾아 내기 어렵지 않습니다.

---

33) 장량張良. 한고조 때 정치가이자 지략가로 한신과 더불어 한나라를 건국한 3걸 중 한 사람.

동궁   계방이 나가서 찾아오시오.

　　홍대용이 나가서 『논어』를 찾아 가지고 존현각으로 돌아왔다.

홍대용   찾아보니 자한편子罕篇에 있습니다.

동궁   계방은 다시 가서 『주자대전』도 가지고 오시오.

　　홍대용이 『주자대전』을 찾아 가지고 들어와 아뢰려고 나아가 엎드렸다.

동궁   계방의 글 읽는 소리를 아직 듣지 못했으니 한 번 읽어보시오.

　　홍대용이 『논어』 자한편의 읽기를 마쳤다.

동궁   '손여巽與'란 무슨 뜻이오?

홍대용   '손여'란 부드럽고 순하다는 뜻입니다. 군신 간의 소통을 예를 들어 말씀드리면 '납약자유納約自牖'[34]가 곧 손여에 해

---

34)　『주역』 감괘坎卦 육사六四에 "맺음을 들이되 통한 곳으로부터 하면 끝내 허물이 없으리라(納

당합니다.

동궁　그러면 '손우여지遜于汝志'35)의 '손遜'과 뜻이 다른 것이오?

홍대용　글자는 비록 다르나 뜻은 같습니다. '손巽'과 '손遜' 두 글
자는 다 부드럽고 순하다는 뜻이며 아첨하거나 아양 떤다
는 뜻이 아닙니다.

동궁　(막 물러 나오는 홍대용을 불러 세우며) 계방은 언제 또 나오는 것
이오?

홍대용　내일 당번을 바꿉니다.

동궁　다음 당번은 누구요?

홍대용　세마洗馬36) 임준호林濬浩입니다.

홍대용은 자리에서 일어나 바로 물러 나왔다.

約自牖, 終无咎).”라고 하였는데 풀이하면 신하가 임금에게 바른 말을 할 때 임금이 잘 알 수 있
는 것부터 시작하여야 한다는 뜻이다.
35)　『서경』에 나오는 말로 '너의 뜻을 겸손하게 하라'는 의미이다.
36)　세자익위사에 속한 정9품 벼슬.

을미년(1775, 영조 51)
1월 22일
경희궁 존현각

진시(오전 7시~9시)에 서연에 입시하였다. 겸문학 정민시, 겸사서 홍국영이 『성학집요』「형내장刑內章」을 읽었고 춘방 김시민이 글과 뜻을 아뢰었다.

홍대용　글의 뜻은 달리 아뢸 만한 것이 없으나 망령되이 어리석은 의견이 조금 있습니다. 이 책은 다른 책들과 달리 긴요한 내용이 부주附註와 안설按說에 많이 있습니다. 본문만 읽고 주는 하나도 읽지 않으니 너무 소홀히 읽는 것이 아닌지요?

동궁　하번(홍국영)은 지난번에 본문만 읽으면 된다고 한 말이 있으니 반드시 고집할 것이지만 상번(정민시)의 생각은 어떠시오?

정민시   경전도 주설까지 다 읽지는 않습니다. 더구나 『성학집요』 의 주설은 다른 경전에도 나오는 것이니 빠뜨려도 무방합 니다.

홍대용   단순히 글자 뜻을 풀이하는 주는 빠뜨려도 무방하나 부주 는 경전과 역사서를 광범위하게 인용하고 부연 설명한 것 이므로 볼 만한 것이 많고 아뢸 만한 문의도 여기에 많이 있으니 전혀 읽지 않는 것은 옳지 못한 듯합니다.

동궁   근래 들어 전하를 모시는 일이 바빠 서연을 끝까지 못 마 치고 중도에서 끝날까 걱정스러운 까닭에 부득이 빠뜨린 것이지 빠뜨리기 좋아해서가 아니라오.

홍대용   바쁜 일이 있어 갑자기 끝나는 것이 걱정이시라면 나누어 읽게 하고 마음을 기울여 듣는 것이 전부 읽지 않는 것보 다는 나을 것입니다.

동궁   그러면 복습할 때 나누어 읽도록 하는 것이 좋겠소. 또 서 연에서 읽지 못했더라도 궐내에 돌아가서 여가가 생기면 자세히 볼 것이오. 어떻게 생각하시오?

홍국영　그것은 절대로 그렇지 않습니다. 서연에서도 읽는 것을 좋아하지 않는 저하께서 궐내로 돌아가신들 어찌 자세히 읽으시겠습니까?

동궁　(웃으며) 내가 어찌 보지 않을 거면서 겉으로 빈말을 하겠소? 나는 일찍이 하번에게 속인 일이 없거늘 하번은 항상 나의 말을 이토록 믿지 않으니 어찌 민망하지 않겠소? 계방은 하번의 말을 어떻게 생각하시오?

홍대용　하번의 말은 참으로 과도한 듯합니다. 그렇지만 저하께서 받아들이실 줄 우러러 믿고 감히 그와 같이 말한 것이오니 이는 태평성세에서나 볼 수 있는 일입니다. 이 얼마나 좋은 일입니까?

동궁　지금도 갑자기 서연을 끝내게 되어 매우 부족한 감이 있으나 계방이 한 말은 매우 좋았소.

을미년(1775, 영조 51)
1월 29일
경희궁 존현각

진시에 『성학집요』「친친장親親章」을 가지고 서연에 입시하였다. 겸필선 오재소와 겸사서 홍국영이 읽었고 오재소가 글과 뜻을 대강 아뢰었다.

홍국영　여기에 이르기를 "'사私에 치우쳐 지나치게 후함'과 '데면데면하게 대하여 친절하지 못함'은 마찬가지 병통이다." 라고 하였는데, 신의 생각에는 사에 치우쳐 지나치게 후한 것이 친절하지 못한 것보다 병통이 더 심할 듯합니다.

홍대용　우러러 아뢸 만한 것이 별로 없습니다. 그러나 하번(홍국영)이 아뢴 말도 의미가 비록 있기는 하나 신의 생각에는 '친한 이를 친히 한다[親親]'는 의미는 후함을 염려하는 것이

아니라 박함을 염려하는 것이니 두 병통의 경중을 따질
필요는 없습니다.

동궁 계방의 말은 아주 완벽하게 갖추어진 말이오. '친한 이를
친히 한다'는 것은 외가나 처가에도 해당되는 말이겠
지요?

오재소 그렇습니다.

동궁 한 문제가 두광국竇廣國을 발탁해 쓰지 않은 일을 비판한
호안국胡安國의 주장을 나는 전부터 의심스럽게 여겼소. 만
약 두광국이 대단한 현인이어서 천하의 안위가 그에게 달
렸다면 진실로 그를 써야겠지만, 그의 재주와 덕이 보통
보다 조금 나은 정도라면 차라리 그를 쓰지 않음으로써
외척의 폐단이나 막는 것이 또한 옳지 않았겠소? 후세의
불초한 임금이 외척에게 정사를 맡겼다면 이는 호안국의
주장을 구실로 삼지 않았다고 할 수 있겠소? 계방은 호안
국의 주장을 어떻게 생각하시오?

홍대용 예교와 마찬가지로 호안국의 주장을 신도 역시 의심스럽
게 생각합니다. 호안국의 주장도 옳지 않은 것이 아니고
한 문제의 마음도 사私가 아닌 것은 아니나 오직 군자로서

주장을 세울 때는 후세에 그 주장을 전하여도 폐단이 없어야 귀한 것입니다. 한나라 이후로 외척의 폐단이 끝이 없었습니다. 그런데도 호안국의 주장이 이와 같은지 도대체 알 수 없는 일입니다. 진실로 공명정대하지 못할 바에야 한 문제처럼 혐의를 피하여 외척을 쓰지 않는 것이 자신의 허물을 적게 하는 길입니다.

동궁   『시경』 「소아편」에 '상체지화常棣之華'[37)와 '척령재원脊令在原'[38)은 모두 부체賦體인가? 『시경』 육의六義가 분명치 않은 것이 많소.

홍대용   이는 모두 흥체興體에 속한 것이었으나 육의에 의심스러움이 많은 것은 진실로 저하의 말씀과 같습니다.

동궁   이 시는 주공이 지었다 하는데 서문에 있는 말이오?

홍대용   주자의 뜻도 그러한 듯합니다.

---

37)   『시경』 「상체장」에 나오는 것으로 '산앵두 나무 꽃들은 꽃받침 활짝 피지 않았는가 지금 많은 사람들 중에 형제 만한 사람 없다네(常棣之華 鄂不韡韡 凡今之人 莫如兄弟)'의 한 구절이다.
38)   『시경』 「상체장」에 나오는 것으로 '할미새 들에서 날고 형제가 급하여 어려운데 매양 좋은 벗이 있어도 그저 긴 탄식 뿐이라네(脊令在原 兄弟急難 每有良朋 況也永歎)'의 한 구절이다.

동궁　계방이 나가 『시경』을 가지고 오시겠소?

홍대용이 나가서 『시경』을 가지고 들어왔다.

동궁　다만 형제간에 잔치하는 악가樂歌인데 주공이 지었다는 것
　　　은 이 서문에 있는 말이구려. 계방이 한 번 읽어 보는게 좋
　　　겠소.

동궁의 명을 받아 홍대용이 처음부터 끝까지 다 읽었다.

동궁　(책을 덮으며) 이 두 장은 과연 흥체興體요. 전하(영조)께서 바야
　　　흐로 향실香室로 나오시는데 임금을 맞이할 때 혹 부복俯伏
　　　할 일이 있으면 내가 당장 나가야 되기 때문에 지금 여기
　　　에 앉아 기다려야 하니 아직 물러가지 말고 책도 읽고 이
　　　야기도 하다가 나가는 것이 좋겠소.

동궁이 강연법어講筵法語라고 쓰여진 책자 한 권을 사람들에게
보여 주었다.

동궁　강연할 때 여러 관료들이 한 좋은 말들이 없어지는 것이
　　　애석하여 내가 이렇게 기록하였으니 상번이 읽고 계방도
　　　같이 보는 것이 좋겠소.

동궁의 명에 따라 상번 오재소가 동궁이 지은 소서小序를 읽었다.

동궁   이 책에 대해 계방은 어떻게 생각하시오?

홍대용   신이 감히 함부로 아뢸 수는 없지만 저하의 생각이 매우 좋습니다.

동궁   과연 이렇게 기록하는 것이 괜찮겠소?

홍대용   매우 참람스러우나 이렇게 하문하시는데 어찌 감히 바로 아뢰지 않을 수 있겠습니까? 신은 매번 서연과 소대가 모두 정지될 때마다 망령스럽게도 '지금 저하께서 혹시 안일에 빠져 계시는가? 아니면 혹 오락을 즐기고 계시지는 않는가?' 하는 지나친 걱정을 하고 있었습니다. 이제 저하께서 쉬시는 가운데에도 이런 일에 마음을 두시니 이 어찌 천만다행이 아니겠습니까? 또한 저하께서 저희 궁료들의 좋은 말을 연석에서 잘 받아들이시고 다시 이것을 모아 책자로까지 만드시니 가만히 생각건대 붓을 잡고 기록하실 때에도 연석에서 말씀하실 때와 다름없이 같은 마음가짐이었을 것입니다. '귀에 거슬리지 않는 말은 궁구해

보는 것이 귀하다.'는 성인의 말씀 그대로입니다.

동궁이 박성원과 이보관이 춘방에 있을 때 아뢴 말을 적은 십여 장을 읽었다. 이어서 홍국영이 설서로 있을 때에 아뢴 말은 오재소에게 읽도록 명하였다.

동궁   좋은 말을 많이 하기는 하번이 으뜸이오.

오재소   이번 것은 하번의 말이니 하번이 읽는 것이 좋을 듯합니다.

동궁   그렇게 하는 것이 좋겠소.

홍국영이 두어 장을 읽었다.

동궁   하번이 목이 쉰 듯하니 상번이 대신 읽어 보시오.

오재소가 두어 장을 읽었다. 또 계속해서 계방이 읽으라 하여 홍대용이 대여섯 장을 읽고 끝마쳤다.

오재소   하번의 말은 당태종에게 직언하기로 유명한 위징魏徵이라 해도 이보다 더할 수 없을 것입니다.

동궁 그(홍국영)의 말은 나에게 박절한 것도 많고 애매한 것도 많지만 기록하지 않으면 허물을 가리는 데 가까운 까닭에 빠짐없이 다 기록하였소. 계방은 어떻게 생각하시오?

홍대용 아뢴 말이 모두 격언 아닌 것이 없습니다. 저하께서 이미 잘 받아들이시고 또 기록까지 하셨으니 매우 훌륭한 일입니다. 다만 이런 일은 문구로만 그치기 쉬운데 이렇듯 정성껏 받아들이시고 나아가 허물까지 고쳐 나가신다면 이 어찌 신민의 복이 아니겠습니까?

동궁 (흐뭇해 하며) 계방의 말이 매우 좋소.

홍대용 궁료로서 진언하는 도리는 마땅히 자신부터 다스린 다음에 임금께 간언하는 것입니다. 반면에 임금께서 신하들의 간언을 받아들이는 도리는 말한 사람의 됨됨이를 따져 묻지 않고 그 말의 좋은 점만 취해야 할 것입니다.

　『요산당기堯山堂記』를 읽지 말라고 간했던 대목에 이르자 홍국영이 불쑥 나섰다.

홍국영 신이 보니 저하께서 『요산당기』를 아직 오른편에 두고 있는데 신하의 간언을 잘 받아들인다는 뜻이 어디에 있습니까?

동궁   (웃으면서) 그 책을 비록 내 옆에 두었지만 다시 유념하지 않는데 무엇이 해롭겠소?

홍대용   무릇 신하로서 간할 때 사물을 들어 말하지 않을 수 없지만 그 요점은 임금의 마음을 바로 잡는 데 있습니다. 임금이 간언을 받아들이는 것은 말과 모습에 나타나야 하지만 그 요점은 역시 절실하게 깨닫는 데 있습니다. 만약 이렇게 하지 않고 한갓 허례와 문구에만 그친다면 결국 유익함이 없는 것입니다.

동궁   하번은 항상 나의 말을 믿지 않고 박절한 말을 많이 하니 어찌 민망하지 않겠소?

홍대용   아랫사람이 진언하는 말을 따를 때는 부드럽고 순한 말을 좋아하고 바른말을 싫어하는 것을 가장 경계해야 합니다. 반드시 억울하고 민망하고 박절한 말을 성심껏 용납하고 받아들여야만 비로소 간함을 용납한다고 할 것입니다.

동궁   간언을 받아들이지 않는 게 아니라 박절한 경우를 믿지 않으니 실로 원통함이 많다는 것이오.

홍대용   신의 생각에는 원통한 그것이 가장 훌륭한 용납인 것입
       니다.

동궁이 일찍이 한 강관講官에게 이르기를 '그대는 벼슬을 한 지
20년이 넘었는데 전하께서 아직 그대의 이름도 알지 못하니 어
찌 벼슬하기를 이토록 어렵게 여기는가?' 하니, 강관이 대답하기
를 '이렇게 하문하시는데 감히 바로 대답하지 않을 수 있겠습니
까? 신은 실상 형문刑問과 결곤決棍이 두려워서 그런 것입니다.'고
하였다. 동궁이 입을 다물고 한참 동안 있다가 이르기를 '사대부
는 마땅히 형장으로써 꺾을 수 없어야 한다.'고 말하였다.

  한번은 강관에게 '대전별감大殿別監39)의 폐단이 심하여 조정이
모두 두렵게 여긴다고들 하는데 과연 그런 것인가?'라고 물으니,
강관이 '그렇습니다. 조금이라도 자기 뜻대로 안되면 꾸짖고 욕
을 해대니 어찌 두렵지 않을 수 있겠습니까?'라고 하였다. 동궁은
재차 '내가 보기에도 별감들이 모두 눈초리가 좋지 못한데 무슨
까닭이냐?'고 하니, '이들의 행동이 모두 불량하니 눈초리가 어
찌 사납지 않겠습니까? 예전에는 별감을 모두 승정원에서 관리
해서 이러한 무례를 감히 못했지만 지금은 그렇게 하지 않으니
교만하고 포악함이 이상할 것도 없습니다.' 하였다. 동궁이 '내가
들으니 이들이 약방에서 난동을 부리며 구걸하다가 제 욕심대로

---

39)   조선시대 대전大殿에 소속된 7품~9품의 별감으로 어전의 시위를 담당한 관리.

채워주지 않으면 약가루를 뒤엎고 난동을 부리니 의관들이 견딜 수 없다고 한다. 내가 매번 궁속들을 엄히 경계하여 약방에 가까이 가지 못하도록 하지만 그 무리들이 혹시 강관에게까지 교만하고 포악한 짓을 하지 않느냐?' 물었다. 대답하기를 '신들이 출입할 때 그들이 모두 업드린 채 감히 목소리도 높이지 못하는 것을 보고 저하께서 엄절한 경계가 계신 줄을 알았습니다.'고 하였다. 동궁이, '공부하는 학사學士로서 어찌 궁속을 두려워해서야 되겠는가? 그대들은 절대 두려워하지 말고 한 번이라도 교만하고 포악한 짓이 보이거든 바로 나에게 말해 주는 것이 좋겠다.'라고 말하였다.

강관에게 이르기를, '일전에 대관臺官이 토지가 없어서 왕실가에게 면제되었던 세금을 호조에서 직접 받아들인다는 일로 계청하여 윤허를 받았다. 각 궁에 붙어 있는 무리는 이런 것에 의지하여 생활하는 자가 수십 명인데, 장차 그 혜택을 입지 못할 염려가 있게 되었다. 까닭에 내가 모든 궁에 분부하기를 너희들이 비록 생활이 어렵더라도 전하께서 50년간 나라를 다스리시는 동안 많이 돌보아 주셨으니 이것은 엄청난 은혜이시다. 너희들은 절대로 다른 생각을 하지 말라고 하였지만, 결과가 어떻게 될지 모르겠다.'고 하였다.

또 이르기를 '조선의 법은 사대부를 대우함이 지극하였다. 인원왕후 때의 일을 들은 적이 있는데 왕후께서 신하들에게 음식을 하사하시고 상이 물리면 반드시 얼마나 잡수셨느냐고 꼭 존대 말씀으로 물으셨다 하니 공경하는 예우가 이와 같았다. 지금 집경당에 그 당시 분판패粉板牌가 있지만, 조회할 때면 늘 좌목座目에다 고위직인 재상이라도 모두 그 이름을 적게 했다. 그런 까닭에 전하께서는 따로 내관을 시켜 분패에 이름을 쓰도록 하고 재상에게는 성씨만 써서 바치게 하였으니 이는 대신들을 우대하는 뜻이었다.'고 하였다.

을미년(1775, 영조 51)
2월 16일
경희궁 존현각

오시(오전 11시~오후 1시) 초에 소대하였다. 『성학집요』 제5권 「총론위정장總論爲政章」의 '기자왈황건기유극箕子曰皇建其有極'이란 대문大文으로부터 '각언위정지본各言爲政之本'이란 귀절까지 가지고 입시하였다. 보덕 이진형·겸사서 홍국영을 오늘부터 신수음新授音[40]으로 정하고 (홍대용의 건의대로) 본문은 물론이고 주석까지 다 읽은 다음 춘방이 글과 뜻을 모두 아뢰었다.

홍대용 신은 추가로 더 아뢸 만한 것은 없습니다. 춘방의 아뢴 내용이 모두 절실하니 원하옵건대 저하께서는 이를 소홀히 생각하지 마시고 절실하게 받아들이신다면 큰 다행이겠

---

40)   오늘 강의 내용을 읽는 것.

습니다.

동궁   이 장의 글과 뜻은 더욱 좋아서 다른 모든 글을 집대성한
것이라 할 수 있겠소.

이진형   이 총론은 여러 가지를 포함하여 그 의미가 매우 넓습
니다.

　　『성학집요』에 '후비는 관저의 덕이 있어야 하고 후궁 중에 미
색이 많은 것을 나무라는 일이 없다(后妃有關雎之德 後宮無盛色之譏).'라는
부분을 강론하였다.

동궁   여자를 사랑하는 해독이 크니 여색이란 진실로 가까이할
것이 못되는 것 같소.

홍국영   여색은 가까이해야 할 때도 있고 가까이해서는 아니 될
때도 있습니다. 다만 가까이할 것이 아니라고만 말씀한다
면 승려처럼 될까 염려됩니다.

홍대용   요사스러운 여색은 진실로 멀리해야 하지만 만약 어떤 여
색이든 모두 가까이할 수 없다고 하시면 인륜이 끊어지지
않겠습니까?

동궁 전혀 가까이해서는 안된다고 한 뜻은 아니고 관저의 덕이 있다면야 난들 어쩔 수 있겠소?

홍국영 후비의 덕 또한 군자가 어떻게 다루느냐에 달려 있습니다. 변화시킬 수 없는 부인이 있겠습니까?

동궁 한 집안을 다스리는 책임은 당연히 남자에게 있지만 부인의 성품이나 행실이 끝내 변하지 않는다면 어찌하겠소?

홍대용 대장부라 할지라도 요순과 같은 자가 드문데 주나라 문왕의 어머니 임사와 같이 부덕을 갖춘 여자를 어찌 쉽게 얻겠습니까? '후비는 관저의 덕이 있어야 한다.'는 것 또한 그 인품의 고하에 따라 내조하고 집안을 바로잡아 각자 자신의 도리를 다해야 한다는 뜻일 뿐입니다.

홍국영 부인이 설령 어질지 못하더라도 대장부가 집안을 옳은 방향으로 이끈다면 어찌 변하지 않을 부인이 있겠습니까?

동궁 이것은 통하지 않는 이론이오. 그렇다면 여후·무후·포사·달기 같은 악녀도 변화시킬 수 있다는 것이오?

홍국영 포사와 달기 같은 경우는 별도로 논해야 마땅할 것입니다. 그러나 여후는 한 고조가 살아 있을 때는 감히 악한 짓을 못했고 폐출되지도 않았으니 집안을 잘 다스린 한 고조의 힘이 아니겠습니까?

이진형　신의 생각에는 포사와 달기 같은 여자는 천 년 혹은 백 년에 한 번 있을 법한 이들입니다. 그 드물기로 말한다면 5백 년만에 한 번 나는 성인과 다를 바가 없으니 포사와 달기의 일은 거론할 필요가 없을 듯합니다.

홍국영　신은 대장부로서 옳은 도리를 다한다면 여자를 변화시키지 못할 리 없다고 생각합니다.

동궁　(완강히 고개를 저으며) 이것은 끝내 통할 수 없는 말이오.

홍대용　그렇지 않습니다. 예로부터 감화시키기 어려운 부인 또한 한둘이 아니었는데 어찌 하나의 경우만 고집하여 논할 수 있겠습니까? 아주 어리석은 여자가 아니라면 남자로서 수신제가의 도리를 다하고 은혜와 위엄을 아울러 행하는데 이에 변화되지 않을 여자는 없습니다. 이렇게 해도 끝내 변화시킬 수 없다면 또한 달리 처리하는 방법이 있어야 합니다. 그러나 끝내 충후한 뜻만은 잃어서는 아니 됩니다.

동궁   말한 것이 진실로 좋으나 이제 이 이야기는 그만하는 것
이 좋겠소.

이어서 송나라의 기반을 다진 명재상 조보趙普에 대한 이야기
를 하였다.

동궁   조보는 '논어를 반으로 나누어 반은 태조를 보좌하고 반
은 태종을 보좌하였다' 하였는데 이는 어불성설이오. 논
어에 '용도를 절약하고 백성을 사랑해야 한다.'는 두어 구
절이면 천하를 다스리기에 족하거늘 논어를 무엇 때문에
반으로 나눈다는 말이오? 계방은 이를 어떻게 생각하
시오?

홍대용   조보의 이 말은 글을 잘 읽었기 때문이라고 생각했습
니다.

동궁   어째서 그렇게 말하시오?

홍대용   그의 공부가 글자의 뜻이나 따지는 있는 훈고학이나 어디
서 떼어 읽어야 하는지를 따지는 학문과 달랐기 때문입니
다. 조보는 부질없이 빈말만 하지 않고 책에서 얻은 것을
능히 일에 적용하였으니 한갓 책을 읽기만 하는 사람과

비교할 수 없습니다. '논어를 반으로 나누어 도왔다.'는 일
화는 그 의미를 살려서 보는 것이 좋을 것입니다.

동궁　　조보는 과연 글을 잘 읽은 사람이오. 송태조가 일찍이 그
　　　　에게 『논어』를 하사하여 읽게 했는데 하루 읽으면 그날의
　　　　정사가 전날과 아주 달랐다 하니 그의 재주와 그릇이 뛰
　　　　어났던 까닭으로 송나라에 큰 공로를 세운 것이오. 다만
　　　　태종에게 한 일만은 소인을 면하기 어렵다고 보오. 큰아
　　　　들에게 대통을 전하는 것이 국가의 큰 원칙인데 태조의
　　　　큰아들 덕소의 나이가 어리지 않았으니 어린 임금이라 할
　　　　수 없었소. 그럼에도 태조의 모친인 두태후는 일개 부인
　　　　일 뿐인데 국가 대사를 어찌하여 두태후의 유언에 따라
　　　　황제 자리를 동생에게 물려 주게 하였겠소? 계방은 이것
　　　　을 어떻게 생각하시오?

홍대용　조보가 비록 송나라에서 최고의 공을 세운 인물이지만,
　　　　'폐하께서 두 번 잘못하실 수는 없습니다.'고 하였으니, 어
　　　　찌 천고의 소인을 면할 수 있겠습니까?

동궁　　송나라의 일은 우리 조선과 아주 비슷한 듯한데 계방은
　　　　어떻게 생각하시오?

홍대용 참으로 말씀하신 대로입니다. 저하께서 서로 비슷함을 아셨다면 그 흥망과 득실에 대해 반드시 경계로 삼을 만한 것이 많으실 것입니다.

동궁 북송과 남송 말기에 죽음으로 절개를 지킨 사람이 명나라와 비교하면 어떠하오?

홍대용 북송에는 시랑 이약수 한 사람이 있었고, 남송에는 문천상과 육수부 등 목숨으로 절개를 지킨 큰 인물들이 있었으나 명나라가 망할 때만큼 많은 것은 아닙니다.

동궁 비록 그렇긴 하지만 이 일은 서유신의 말이 참으로 일리가 있소. 서유신이 말하기를 '남송이 망할 때는 온 나라가 한 척의 배에 실려 있는 형국이었으니 이 배가 침몰하여 온 나라가 죽음으로 절개를 지키게 되었다.' 하였는데 그 말에 대해 어떻게 생각하시오?

홍대용 그 말 역시 좋습니다. 그러나 충신이 나라를 붙들었지만 이미 대세가 기울어 임금과 신하가 함께 사직을 위해 죽은 것은 오직 송나라뿐이었습니다.

동궁 북송의 재상인 구준寇準이 전연에서 임금이 직접 군사를 지휘하게 한 일을 두고 어떤 이는 그가 임금을 위태롭게 한 일이 나라에 죄를 지은 것이다고도 하는데 이것에 대해 어떻게 생각하시오?

홍대용 당시 임금에게 구준이 임금을 마치 도박의 고주일척孤注一擲으로 삼았다고 말한 자가 있었는데 신은 일찍이 구준의 계획이 다 이루어지지 못한 것을 애석하게 여길 뿐 그것이 죄가 되는 줄은 모르겠습니다.

동궁 정위丁謂가 귀양 갈 적에 귀양 중이던 구준이 양 한 마리를 쪄서 그에게 보낸 일을 두고 혹 어떤 이들은 그의 도량이 좁다고 나무라는데 이를 어떻게 생각하시오?

홍대용 사람을 평가할 때 반드시 그 인품에 따라 해야 하는데 구준 같은 자를 어찌 중도中道로써 비난할 수 있겠습니까? 도량이 좁다고 비난하는 것은 너무 가혹한 논리인 듯합니다.

동궁 소인이 잇달아 권력을 잡아 나라를 그르친 예로 일찍이 송나라와 같은 나라가 없었소. 조사필이 개 짖는 시늉까지 하면서 아첨을 한 것은 진실로 가소로운 일이 아닐 수 없구려. 주자가 '비부鄙夫'의 뜻을 설명하기를 '작게는 종

기를 빨고 치질을 핥는다(연옹지치吮癰舐痔).'하였으니 참으
로 조사필을 두고 한 말일 것이오.

이진형 조사필의 일은 그보다 더 심합니다. 부모가 종기나 치질
이 있다면 혹 부모를 위해 빨고 핥는 사람도 있겠으나 개
짖는 노릇까지 하면서 부모를 그르쳤다는 말은 듣지를 못
했습니다.

동궁 계방은 춘방의 말을 어떻게 생각하시오?

홍대용 종기를 빨고 치질을 핥는 것은 오히려 사람에게 속한 일
이니 춘방의 아뢴 말이 또한 옳습니다.

이진형 이보다 더 심한 자도 있습니다. 명나라 말기에 조정의 신
하로서 환관 위충현의 아들을 떠받든 자가 있었으니 이것
은 조사필도 하지 않았을 짓입니다.

동궁 (크게 웃으면서) 계방은 누가 더 심한 것 같소?

홍대용 이 모두가 더러운 비부들의 누추한 일이니 그 우열을 따
질 필요는 없겠습니다.

이어서 역대 제왕에 대해 논하였다.

동궁   하·은·주 삼대 이후로 한 고조, 당 태종, 송 태조 이 세 임금이 손꼽을 만하오. 그러나 한 고조는 정장亭長이라는 하급 관리 출신으로 지체가 미천하여 평생토록 사대부의 풍채가 없었소. 당 태종 같은 이는 천가한天可汗이라 자칭하였으니 참으로 이름과 실지가 서로 맞는다 하겠소. 어째서 그러하냐면 그의 남녀 간의 행동을 보건대 참으로 이적 중의 영웅이오. 천자보다 더 높을 수 없거늘 자기 몸을 낮추어 가한이라 자칭하였으니 또한 가소롭지 않소? 송태조 같은 이는 어질고 후덕하여 문명한 정치를 열었으나 웅장한 지략은 당태종에게 미치지 못했소. 만약 한 고조의 역량에다 학문을 더한다면 요순과 같지 않을지 어찌 알겠는가? 한 고조가 세 임금 중에 제일 낫다고 보오.

이어 왕안석의 일을 논했다.

이진형   신은 신종이 왕안석을 등용한 것은 천고의 큰 쾌사라 생각합니다.

동궁   어째서 하는 말이오?

이진형 당시 왕안석의 명성은 정자程子보다 몇 배나 높았습니다. 만약 신종이 왕안석을 등용하지 아니하여 그가 자신의 나쁜 점을 감춘 채 세상에 나오지 않았다면 왕안석은 반드시 정자와 더불어 천고의 유종儒宗이 되었을 겁니다. 그렇게 되었다면 저희 또한 그를 훌륭한 선비로 우러러 높였을 것입니다. 신은 이런 생각이 들 때마다 그가 아예 당시에 낭패당한 것을 통쾌하게 여기지 않은 적이 없습니다.

동궁 참으로 '왕망이 초야에 있을 때는 겸손하고 공순한 체했다(왕망겸공하사시王莽謙恭下士時).'는 것이구려. 계방은 왕안석의 일을 어떻게 생각하시오?

홍대용 신은 그 일이 천고의 한스러운 일이라고 생각합니다.

동궁 그건 어찌하여 하는 말이오?

홍대용 중국 하, 은, 주 삼대 이후로 좋은 임금과 신하를 얻어 유학자로서 정권을 잡은 것이 그때처럼 좋은 적이 없었습니다. 그런데 신종은 사람 보는 눈은 밝지 못하면서 다스림을 구하는 데 너무 급했으며, 왕안석은 엉성한 학문에 집요한 성격까지 더해져 한 시대의 창생蒼生을 그르쳤을 뿐만 아니라, 후세에 유학자들의 등용을 꺼리게 만들었으니 어찌 크게 한스럽지 않겠습니까?

동궁 신종이 만약 정자를 등용했다면 삼대의 정치를 만회할 수
있었을 것이오. 다만 나라를 다스리는 데 너무 조급하게
했고, 정자의 어짊을 몰라서 안 쓴 것은 아니었소. 아마 태
종은 일 년 걸려 이룰 일을 한 달 안에 이루고자 한 욕심에
왕안석의 주장이 자신의 뜻에 맞았던 것이라 생각하오.

책을 덮은 뒤에 동궁이 『시경』 이야기를 다시 꺼냈다.

동궁 『시경』「국풍편」 관저 시 가운데 '전전반측轉輾反側(잠을 못 이
루고 몸을 이리저리 뒤척이는 것)' 의 일을 두고 혹자는 문왕의 일
이라 하고 혹자는 궁인의 일이다 해석하는데 이 글의 뜻
을 한 번 생각해 보는 것이 좋겠소. 『삼연집三淵集』에는 궁
인의 일이라 했고 『창계집滄溪集』에는 문왕의 일이라 했으
며, 북헌北軒과 지촌芝村도 모두 언급한 바 있으니 계방은
나가서 『시경』과 그들의 문집을 가지고 오시오.

홍대용이 나가서 『시경』과 『창계집』을 가지고 들어 왔다.

홍대용 삼연집과 북헌·지촌의 문집은 없다고 합니다.

동궁　창계는 뭐라고 해석했소?

홍대용　창계는 문왕의 일이라 했는데 그의 논설은 매우 깁니다.

동궁　계방의 의견은 어떠하오?

홍대용　집주에 적힌 '희락존봉喜樂尊奉'이란 네 글자로 본다면 주자
　　　도 마땅히 궁인의 일로 해설했다고 볼 수 있습니다.

동궁　부부 간에 서로 손님처럼 공경함이 높이 받드는데 해로울
　　　것이 있겠소?

홍대용　높이 받든다는 '존봉尊奉' 두 글자는 결코 부인에게 쓸 수
　　　는 없습니다.

동궁　창계 또한 자신의 새로운 해설이 아니고 본래 소주에 있
　　　는 주자의 말에서 나온 것이니 곧 '오매반측운운寤寐反側云
　　　云'이라는 것을 형용한 것이오. 그렇지만 먼저 후비를 둔
　　　다음에야 첩을 두는 것이니 요조숙녀를 얻지 못한 채 어
　　　찌 첩부터 둘 수 있겠소? 나 또한 주자의 이 말은 기록이
　　　잘못된 것으로 의심하여 '궁인의 일이라' 한 말이 낫다고
　　　생각하오.

을미년(1775, 영조 51)
2월 18일
경희궁 존현각

저녁에 소대하였다. 『주서절요』 중에 「정윤부程允夫에게 답한
편지」를 갖고 입시하였다. 보덕 이진형과 겸사서 홍국영이 글과 뜻
을 다 아뢴 다음 '몸은 죽음이 있으나, 성은 죽음이 없는 것이다(身有
死生 性無死生)'는 부분을 강론하였다.

동궁   편지 내용 중에 '불가佛家의 설'이란 무엇을 말하는 것
        이오?

홍대용 불가에서 이르는 '성性'이란 마음 '심心'을 말한 것입니다.
        그들은 대개 '사람은 죽어도 성은 죽지 않고 끊임없이 윤
        회한다.'고 주장합니다. 반면에 유학에서 성은 '이理'에 해
        당됩니다. 성이란 곧 이치이므로 본래 태어나거나 죽는다

거나 하는 것이 아닌데 죽고 사는 것이 없다고 하면 그 뜻이 이미 마음의 작용인 지각에 가 있는 까닭에 주자가 이와 같이 변론한 것입니다.

동궁 진실로 그렇다 해도 어찌 지각을 버리고 성性을 말할 수 있겠소?

홍대용 저하께서 말씀하시는 뜻을 신도 잘 알고 있습니다. 그러나 지각이란 곧 심心이고 성은 '이理'입니다. 필경 이는 스스로 이이고 심은 스스로 심으로 되는 것이니 이미 서로 떠날 수도 없고 또한 서로 섞일 수도 없는 것입니다.

동궁 그렇소. '성리性理'란 가장 설명하기 어려운 것인 게요. 나의 뜻은 성과 지각이 서로 떠날 수 없다는 것을 강조한 것인데, 지각을 겸하여 성으로 삼는다 하였으니 이 말에 어폐가 있음을 알겠소. 그러면 이理와 기氣의 선후에 대해서는 어떻게 보는 것이 타당한 것이오? '기로 형체를 만들고 이치 또한 이에 부여하니(氣以成形 而理亦賦焉)' 하였으니 이것은 기가 먼저고 이가 나중이란 뜻이 아니오? 춘방은 기가 먼저라 하기도 하고 이가 먼저라 하기도 하던데…?

홍대용 이와 기의 선후에 대해서는 예로부터 유학자들이 서로 다른 주장을 하였습니다. 『중용』의 주석에는 형체가 이루어진 다음에 이가 부여된다고 하지 않았습니다. 신의 생각으론 이와 기가 있다면 함께 있게 되는 것이지 처음부터 선후를 구분할 수 없는 것이라 봅니다. 대개 천하에 이理 없는 물物이 없고, 물이 아니면 이 또한 붙을 데가 없는 것입니다.

동궁   그 말이 매우 좋소. 그렇게 보는 것이 가장 폐단이 없겠소.

동궁이 홍대용의 대답에 감탄하여 춘방을 돌아보면서 여러 차례 칭찬하였다.

홍대용   이것은 신의 독창적인 견해가 아니고 이미 주자가 하신 말씀입니다.

동궁   비록 그렇지만 이기설理氣說은 아무리 충분하게 강론한다 하더라도 심신과 일상생활에서는 끝내 절실하게 이해하기는 어려운 것이오.

홍대용   저하의 말씀이 매우 옳습니다. 일상생활에서 당연히 실천해야 할 일만 간절하게 묻고 가까이 생각하여 일에 따라 몸소 실천한다면 성리라는 것도 특별한 것이 아니라 일상에 흩어져 있는 것이라는 것을 알게 됩니다. 지식과 실천이 함께 진보되면 한 근원으로서 성性과 천도天道를 환하게 깨닫게 될 것입니다. 그러나 초학자로서 책상에 앉아 성명性命이나 따지며 이야기하는 것은 유익함도 없을 뿐만 아니라 도리어 해로운 것입니다.

동궁   그대의 말이 지극히 옳소. 자공子貢 같은 총명한 사람도 늘 그막에야 비로소 성과 천도에 대해 들을 수 있었다 하니 초학자가 진실로 차례를 건너 뛸 수는 없을 것이오. 계방의 말이 매우 옳소. 이 말로 보건데 계방은 편협하고 고집스러운 논의는 하지 않는 사람 같구려.

이진형   계방의 논의는 본래 이와 같습니다.

동궁   송나라 학자 설계선薛季宣의 묘비명인 '간재명艮齋銘'은 누가 지은 것이오?

홍대용   『주자대전차의朱子大全箚疑』에 남헌南軒 장식張栻이 지었다고 되어 있습니다.

동궁   계방이 나가서 『남헌집南軒集』을 가지고 오시오.

홍대용   (나가서 물어본 뒤에 들어와) 시강원에는 원래부터 없다고 합
            니다.

　　동궁이 내관에게 궐내에 있는 책 목록을 가지고 오게 하여 춘
방이 검토하게 했으나 없었다. 동궁은 다시 내관에게 당판唐板으로
된 책 다섯 함을 가지고 오게 했는데 곧 분당지粉唐紙에 인쇄한『자
치통감강목』으로 모두 30책인데 5책이 낙질이었다.

동궁   계방도 한번 보시오. 이것은 오래전부터 궐내에 전해 내
            려온 책인데 붉은 먹으로 구두점이 찍혀 있소. 이는 어느
            선대 왕이 남긴 흔적인 듯한데 궁중의 값진 장서이건만
            낙질된 것이 정말 애석하오.

을미년(1775, 영조 51)
3월 28일
경희궁 존현각

소대하였다. 『주서절요』 중에 「채계통蔡季通에게 준 편지」를 가지고 들어갔다. 겸필선 이보행李普行과 겸사서 임득호林得浩가 글과 뜻을 아뢰었다.

동궁   두 번째 편지 서두에 운운한 것은 무슨 뜻이오?

홍대용   전서全書 중에 깎아 없앨 절차를 말한 것입니다.

이보행   『주자대전』을 상고하면 알 수 있습니다.

동궁   지난번에 전 겸사서가 계방이 책을 가지러 왔다갔다 하는 것이 서연의 체통에 어긋난다고 하던데 그의 말이 매우 옳소. 계방도 들었소?

홍대용　신은 듣지 못했습니다.

동궁　그의 말이 옳기도 하고 상고할 것이 긴급하지도 않으니 계방이 책을 가지러 나갈 필요는 없고 그냥 두었다가 다음 번에 상고해오는 것이 좋겠소.

홍대용　이미 전례가 있으니 열 번 왕래한들 어찌 감히 사양하겠습니까?

이보행　이미 상고할 것도 있고 또 전례도 있는데 군이 그럴 필요가 있겠습니까?

동궁　전 겸사서의 의도는 계방을 위한 것이 아니라 서연의 체통을 위한 말이었는데 그의 말이 매우 옳소.

홍대용　그의 의도가 어떤 것인지 모르겠으나 저로서는 지극히 황송합니다.

잇달아 형기形氣에 대해 논했다.

동궁   이기理氣에 대한 강론은 마침내 명쾌한 결론이 나지 못했
소. 계방이 말한 '이기理氣의 변론은 초학자의 급선무가 아
니다.'는 그 말은 매우 좋소.

을미년(1775, 영조 51)

3월 29일
경희궁 존현각

소대는 어제와 같았다. 글과 뜻을 다 아뢰었다.

동궁   1천 족足이 1천 문文이오?

이보행   그렇습니다.

동궁   1문이 1냥兩이오? 1전錢이오?

홍대용   중국 법에 1푼分을 문文이라 합니다.

동궁   그럼 1천 문은 몇 냥이나 되는 것이오?

홍대용   10냥입니다.

동궁   옛날 후한의 광무제가 포선이라는 자에게 돈 70만을 하사 하였다는데 이것은 몇 냥이나 되는 것이오?

홍대용   우리 돈 7천 냥입니다. 그러나 돈 가치는 시대에 따라 차이가 있습니다. 우리나라에서 지금 쓰고 있는 동전과 비교하면 조금 돈 가치가 떨어졌을 것입니다.

동궁   과연 같지 않았다더구려. 거위 눈알같이 작다는 아안전鵝眼錢 같은 동전은 얼마나 가벼운지 물에 넣어도 가라앉지 않았다 하던데 대개 망하는 시기에는 돈이 볼품이 없어지긴 하나 이상한 일이라 하겠소.

동궁   예로부터 당나라의 국가 재정을 담당했던 유안劉晏을 일컬어 나라의 재물을 잘 다스려 백성을 보호하고 나라의 살림을 넉넉하게 했다고 칭찬하는데 그 방법이 과연 어떠했는지는 알 수 없으나 남의 신하가 되어 재물을 잘 관리하면서 출세하였다면 뭐 그리 볼 만한 것이 있겠소? 자고로 망해가는 나라일수록 재물은 반드시 위에 모였으니 재물을 거두어들이는 해악이 이와 같았소.

동궁　요즘 광은礦銀이니 내은萊銀이니 하는 말들이 있던데 이것은 무엇을 말하는 것이오?

홍대용　광은이란 천은天銀을 말합니다. 우리나라 은점銀店에서 제조한 것입니다. 그리고 내은은 왜은倭銀으로 동래를 통해 들어온 것인데 소위 정은錠銀이라 합니다.

동궁　우리나라 소금과 쇠는 어떻소?

홍대용　우리나라의 은과 쇠는 산에서 나는데 마치 바둑돌을 놓은 것처럼 있고 삼면의 해안가에서는 소금을 구어내는데 그 양이 무진장있으니 참으로 재화의 부고府庫입니다. 다만 산과 바다의 이익을 다 개척하지 못하여 백성과 나라가 함께 가난함을 면치 못하고 있는데 이는 강태공이나 관중의 법이 없기 때문입니다.

동궁　소금은 어떻게 만드는지 계방은 보았소?

홍대용　동해와 서해에서 소금 만드는 것을 모두 보았습니다.

춘방이 그 제도를 자세히 아뢰었다.

동궁   금은 우리나라에서 생산되지 않소?

홍대용   자산紫山에서 생산되는 것을 과자금瓜子金이라고 하는데 이 것이 금으로는 최상품이긴 하나 아주 귀하다 합니다.

동궁   동록銅綠을 동銅과 함께 녹이면 주석이 되는 것이오?

홍대용   신은 들어보지 못했습니다.

동궁   나는 전에 본 적이 있소. 아까 말한 것처럼 만드는 법도 그 와 같았는데 그 빛깔이 몹시 나빠 보였소. 그리고 도성 안 의 똥과 쓰레기는 농부들이 모두 수레로 실어 간다고 하 는데 그것이 사실이오?

홍대용   그렇습니다.

동궁   그렇게 하지 않는다면 그것 또한 곤란한 일이겠군. (화제를 바꾸어) 계방은 북경에 가 보았소?

홍대용   가 보았습니다.

동궁   무슨 일로 갔었소?

홍대용　승지를 지낸 신의 숙부 홍억洪檍이 십 년 전인 을유년(1765,
　　　　영조 41)에 동지사의 서장관이 되었기에 신이 그의 자제비
　　　　장으로 따라갔었습니다.

동궁　그때 상사와 부사는 누구였소?

홍대용　상사는 순의군이었고 부사는 김선행이었습니다.

동궁　북경을 갈 때 옷차림은 어떻게 하였소?

홍대용　자제비장 신분으로 따라간 것이라 다른 비장들과 같이 전
　　　　립氈笠을 쓰고 군복 차림을 하였습니다. 돌아올 때는 포립
　　　　을 쓰고 도포를 입었습니다.

동궁　(웃으며) 백면서생이 갑자기 군복 차림을 하다니 이것은 매
　　　　우 쉽지 않은 일인데 호사가라 할 만하오. 들으니 북경에
　　　　는 오로지 상업에만 종사한다고 들었는데 과연 그러하오?

홍대용　그것은 도성에만 해당하는 말입니다. 도성 밖의 시골 백
　　　　성들은 우리나라보다 더 농사에 힘쓰고 있습니다.

동궁　북경의 주식은 모두 산에서 나는 벼라고 하던데 과연 그

러하오?

홍대용　북경 동북쪽은 모두 밭농사로 기장과 수수 등 잡곡 농사를 주로 합니다. 산벼도 역시 밭에서 나는데 밥을 지으면 너무 거칠어서 먹기가 힘듭니다.

동궁　북경에는 다시 황후를 세우지 않는다고 들었는데 이상한 일이 아니오? 그때는 어떠했었소?

홍대용　제가 갔을 때는 황후를 냉궁에 유폐하여 모든 사람들이 걱정하고 탄식하면서도 감히 말하지 못하였습니다. 그들의 언로가 막혀 있다는 것을 미루어 짐작할 수 있었습니다.

동궁　그랬소?

홍대용　황후를 유폐하는 일은 예전부터 나라가 망하는 근본입니다. 온 조정이 입을 다물고 벙어리가 되었는데 오직 만주 관리 아영아阿永阿란 자만이 자신의 안위를 돌아보지 않고 간하다가 혹독한 형벌을 받고 겨우 죽음만 면하여 먼 변방으로 쫓겨나 군졸이 되었다고 합니다. 이 말을 어떤 선비에게서 들었는데 그 선비는 낯이 창백해져서 벌벌 떨고 두려워하면서 이 이야기를 해주었습니다.

동궁 그때 정령政令이 엄하고도 혹독했다고 생각되는군. 북경의 서점은 어떠했소?

홍대용 유리창이라는 곳에 예닐곱 개 서점이 있다기에 갔더니 나무판자를 책 서가처럼 설치하고 가지런하게 쌓인 서적에 각각 표제가 붙어 있었습니다. 한 점포에 쌓인 책만도 몇만 권이 훨씬 넘을 듯했습니다.

동궁 황제의 원림인 창춘원暢春園과 원명원圓明園도 가 보았소?

홍대용 신은 창춘원을 보고서 강희제가 참으로 영걸스러운 임금이라는 것을 알았습니다. 그가 나라를 다스린 60년 동안 태평성세를 누린 까닭이 있었습니다.

동궁 무슨 까닭이오?

홍대용 창춘원은 담 높이가 두어 길에 불과하였고 담을 따라 돌아보아도 화려한 건물은 보이지 않았습니다. 대문 틈으로 들여다 보니 그 규모가 지극히 보잘것없고 소박하였습니다. 강희제는 황성의 웅장하고 화려한 거처를 버리고 황야에서 겸손하게 거처하면서 궁실을 그와 같이 낮고 좁게 하였습니다. 백성들이 지금까지도 성군으로 칭송하니 그의 영걸스러움을 가히 알 수 있습니다.

동궁 원명원은 창춘원에 비하면 어떠하더이까?

홍대용 원명원은 창춘원 서쪽 10리에 있는데 창춘원에 비해 어마어마하게 넓고 사치와 화려함이 백 배도 넘습니다. 서산 같은 곳은 또 원명원의 열 배도 넘었습니다. 궁궐의 사치함과 검소함, 임금의 어짊과 그렇지 못함으로 세상 운세의 성쇠를 점칠 수 있습니다. 또 서산은 누각과 강변에 지은 건물이 하천을 따라 40리를 뻗어 수도 북경 서쪽까지 이어져 있습니다. 그 위치와 구조의 정교함과 절묘함은 이루 말할 수 없을 정도이나 실상은 어린아이 장난과 같습니다. 백성들의 고혈을 짜내 오로지 백해무익한 놀이에 빠져 당시에는 백성들의 원망을 샀고 후세에는 사람들의 웃음거리가 되었습니다. 이는 천고의 감계鑑戒(거울로 삼아 조심함)로 삼을 만합니다. 그런데 하천을 따라 세워진 누각들도 세월이 흐르니 최근에는 조금 칠이 벗겨지고 떨어져 볼품없어 보이는 탓에 예전처럼 이곳을 자주 찾아 놀지는 않는 듯합니다.

동궁   누각들이 그리 쇠락하였소?

홍대용   이는 필연의 이치입니다. 무릇 사람의 감각이란 잠시도 만족을 모르는 것입니다. 비록 천하의 사치를 다하여 날마다 잔치를 벌이며 논다 해도 시간이 흐르면 반드시 새롭고 기이한 것이 생각나는 법이라 점점 기이한 도모를 하게 됩니다. 이는 수나라 양제와 진나라 후주를 보면 알 수 있는 일입니다.

동궁   성지城池는 어떠했었소?

홍대용   성 높이는 대여섯 길쯤 되는데 안과 밖에 모두 여장女墻(성 위에 덧쌓은 담)을 설치했으며 두 면에 참호를 함께 설치한 것이 우리나라 성 쌓는 제도와는 달랐습니다. 그 넓이는 성 위가 숫돌처럼 판판하게 되어 10마리의 말이 끄는 마차가 달릴 수 있을 정도였습니다.

동궁   비록 나라를 지키는 것이 '험준한 지형에 있는 것이 아니라 군주의 덕행에 있다.'고 하지만 성의 제도가 이미 이와 같다면 역시 쉽게 공격할 수 없을 것 같구려.

홍대용   성지가 험한 것은 본래 믿을 만한 것이 못 됩니다. 형세와

힘이 비슷하여 대적할 만해야 공격할 수 있습니다만 실상 쉽지는 않을 것입니다.

동궁   혹시 중국에 다녀 온 것과 관련하여 쓴 일기가 있소?

홍대용   아직 쓰지 못했습니다.

동궁   그곳의 인재는 어떠했소?

홍대용   서너 선비를 만났는데 그들의 시와 문장, 그림이 모두 절묘하였습니다.

동궁   필담筆談으로 하였소?

홍대용   그렇습니다. 대개 한족 중에는 재주 있는 이가 많고 만주족 중에는 꾸밈없이 진실한 이가 많은데 인품을 가지고 논하면 만주인이 한인보다 낫습니다. 이는 중국에 간 선배들의 연행일기에도 이미 나온 말입니다.

동궁   한족은 무武 보다 문文을 숭상한 때문일 것이오. 문을 숭상한 폐단이 진실로 말할 수 없을 정도니 중국이 다시 떨치기는 어려울 것이오. 들으니 몽고인은 매우 용감하고 사나워 두려울 만하다 하던데 직접 보았소?

홍대용 신이 한번은 객관에 가서 몽고 추장을 보았습니다. 관직
은 1품에 이르렀는데 생긴 모습은 무디고 추하여 금수와
같았습니다. 잠자리도 온돌을 사용하지 않았고 신분이 미
천한 자는 겨울에도 수레 위에서 노숙하는데 서리와 눈이
의복과 모자를 뒤덮어도 근심하거나 괴로운 기색이 없었
습니다. 그 모습을 보니 몽고족의 사납고 강인함은 진실
로 두려울 만했습니다.

동궁 새해를 북경에서 맞았을 텐데 정월대보름에 하는 관등놀
이도 보았소? 어떠했소?

홍대용 등을 장대에 달지 않고 처마 밑에다 주렁주렁 단 것이 우
리나라와 달랐습니다. 다만 사찰과 묘우_廟宇_에서는 모두
장대에 달았습니다. 우리나라 제도는 아마 여기에서 유래
한 듯합니다.

동궁 우리나라는 정월대보름에 하지 않고 사월 초파일에 하는
것은 무슨 이유요?

임득호 이는 불교에서 석가모니의 생일을 숭상하는 유풍 때문입

니다.

동궁   그러면 관등놀이는 어떻게 했었소? 과거 선대의 학자들도 참관했었소?

홍대용   확실한 증거는 없으나 하지 않았을 이치는 없을 듯합니다. '노나라 사람들이 사냥할 적에 공자도 사냥을 했다.'고 했듯이 풍속으로 된 지 이미 오래되었으니 그대로 두어도 무방할 듯합니다. 다만 그것이 불교에서 비롯되어 근본부터 바르지 못하고 소모되는 비용도 적지 않으니 이것 또한 왕정이 반드시 금해야 할 것입니다.

동궁   유래가 오래되었는데 금지하는 것은 너무 지나친 것이 아니겠소? 연등 한두 개 다는 비용이 뭐 그리 크게 들겠소? 하긴 난간등을 만든다면 비용이 적지 않겠군. 북경에 가져다 주는 세폐미는 얼마였소?

홍대용   명나라 때 1만 석이나 되었는데 청나라 순치제 때에 9천 석으로 줄었고, 옹정제 때 또 줄어서 지금은 사오십 포 정도입니다.

동궁   그처럼 세폐미를 줄였으니 우리나라 경비가 필히 넉넉해졌겠구려.

홍대용 줄어든 쌀은 해마다 따로 쌓아 두었다면 반드시 그 효력
이 있었을 것입니다. 그러나 그렇게 하지 않고 다른 경비
에 섞어버리면 한두 해 뒤에는 그것이 더해졌는지 덜해졌
는지조차 알지 못할 것입니다.

동궁 근래 들어와 경비가 늘 부족하여 걱정이라고 하던데 이것
이 과연 무엇 때문에 그런 것이오?

이보행 백성들이 농사짓는 땅에서 거두는 세금이 이리저리 빠지
는 것이 반이 넘는 관계로 거두는 세금은 이미 크게 줄고
쓸 곳은 더욱 많아졌으니 형편이 자연 그렇게 되는 것입
니다.

동궁 당상관이 사용司勇의 월급까지 챙긴다고 하는데 이것은 이
전에 없던 일이오. 궁중에서도 궁녀들의 경비가 한 부분
을 차지하고 있어서 사도시司䆃寺에서 월봉이 늘어가기만
하고 줄어드는 것은 없다고 하던데 그것을 무엇으로 감당
할 것이오?

임득호 서울과 인근 백성 중에 농사도 장사도 하지 않으면서 입

에 풀칠하며 연명하는 자가 있는 것은 대개 이런 후한 녹봉에서 흘러 나가기 때문입니다. 국가의 교화와 은택이 아니겠습니까?

홍대용 생산하는 자가 많고 소비하는 자가 적은 것이 나라 다스리는 큰 법입니다. 이른바 노는 백성과 요행히 자리나 바라는 사람들이 나라를 좀먹고 백성을 병들게 합니다. 전하께서는 마땅히 깊이 생각하셔야 합니다.

동궁 계방의 말이 지극히 옳소.

을미년(1775, 영조 51)
4월 8일
경희궁 존현각

야대에 입시하였다. 필선 이진형李鎭衡·사서 홍국영·사어 김근
행金謹行·시직인 홍대용이 존현각에 이르렀다. 사월 초파일이라 처
마에 여러 개의 양각등羊角燈과 옥등玉燈 너댓 쌍을 매달아 안팎이 훤
하였다. 다 함께 동궁에게 나아가 부복하였다.

동궁　오늘은 등을 다는 날이오. 전하께서 마침 먹을거리를 내
　　　려주셨고 또 옥등도 하사하신 까닭에 계방과 함께 상번과
　　　하번을 모두 부른 것이니 함께 구경하는 것이 좋겠소. 혹
　　　시 등이 달려 있는 것을 보았소?

홍국영　야대하라는 명령이 계신 까닭에 감히 멀리 떠나지 못했습
　　　니다.

동궁   계방은 보았소?

김근행   보지 못했습니다.

홍국영   계방도 야대하라는 명을 받았기 때문에 자리를 지키느라 보지 못했습니다.

동궁   북경의 등 제도는 어떠했었소? (이진형이 대답하려고 하자 동궁이 제지하며) 하번인 홍시직에게 물은 것이오.

홍대용   대개는 양의 뿔껍질로 만든 양각등이 많고 간혹 비단천으로 만든 사등에다 그림을 그린 것도 있었습니다.

동궁   유리등도 보았소?

홍대용   못 보았습니다.

동궁   궁중에 진주등이 있는데 이것은 증조모이신 인원왕후께서 손수 만든 것이오. 난간등에 비해 비용이 싸고 유난히 번쩍여서 아주 볼만하오. 창덕궁과 어수당에 있는 등은 혹 보았소?

홍대용   못 보았습니다.

동궁   어수당 관등이 아주 볼 만하오. 몇 해 전까지만 해도 등석
燈夕 때가 되면 옥당에서 많이 입시하였소. 후원 연못 가운
데 용주龍舟가 있는데 평소에는 쓰지 않다가 등석에 간혹
쓰고는 했는데 나도 어릴 때에 한 번 본 적이 있소. 또 물
위에 등을 켜놓은 것이 가장 볼 만하오. 오늘 마침 약간의
음식을 준비하여 춘방과 계방 등 여러 사람들에게 한 상
씩 차려주려 했는데 마침 전하께서 춘방과 계방에게 음식
을 하사하였으니 먼저 그것부터 먹는 것이 좋겠소.

동궁이 명을 내리자 내관들이 상을 들고 들어왔다. 임금이 내
린 음식은 평평하고 둥근 소반에 십여 개의 그릇에 담겨 있었다. 그
리고 그보다 작고 다리가 짧은 소반에는 동궁이 내려 준 음식이 예
닐곱 개의 작은 그릇에 담겨 있었다.

동궁   계방도 드시오. 지난번 빈객에게 음식을 내렸을 때 계방
은 참석하지 않았었소?

홍대용   그렇습니다.

동궁   이렇게 좋은 날에 춘방과 계방 모든 당번들이 한자리에

모이기는 참으로 쉽지 않은 일이오.

동궁이 내관을 시켜 새로 찬이 차려진 상을 들여오게 했는데 이미 많이 먹은 관계로 겨우 한 상을 내어 놓았을 뿐 손도 못대었다.

동궁   이미 많이들 드신 것 같으니 이 음식들은 시강원으로 보낸 다음 그곳으로 가서 함께 드는 것이 괜찮겠소.

곧 춘방을 시켜 내관인 사약에게 이야기하여 시강원으로 물려 보내도록 하였다. 먹다가 남은 두 상도 또한 물려 보낸 후에 모두 물러 나왔다.

을미년(1775, 영조 51)
4월 9일
경희궁 존현각

야대에 『주서절요』의 「유성지游誠之에게 답한 편지」를 가지고 입시하였다. 필선 이진형과 사서 홍국영이 읽은 다음 이진형이 '조존操存'의 글과 뜻을 아뢰었다.

이진형　일을 잘 처리하는 사람은 그 마음이 고요하고 깊지 않음이 없고 일을 잘못 처리하는 사람은 그 마음이 조급하고 사납지 않음이 없습니다. 비록 신과 같은 사람도 일상생활에서 그렇지 않은 적이 없으니 마음 붙잡는 방법은 반드시 고요하고 깊음을 귀하게 여기고 성급하고 사나운 마음을 경계해야 할 것입니다.

홍대용　춘방의 말이 매우 좋습니다. 또 그의 말은 직접 체험한 것에서 나온 것이라 구차스럽게 입으로만 떠드는 말이 아닙니다. 저하께서도 겉으로만 좋다고 칭찬하지 마시고 실제로 받아들인다면 유익함이 적지 않을 것입니다.

동궁 아뤈 말이 좋구려. 다만 성품이 너무 고요하고 침묵하면 분발하기보다 나약한 경우가 많으니 성품이 단단하고 굳센 자가 융통성 있게 일을 잘하는 것만 못하지 않겠소?

홍대용 그렇긴 합니다. 사람의 기질이란 굳센 것을 고쳐 부드럽게 만들기는 쉬워도 부드러운 것을 고쳐 굳세게 만들기는 어렵습니다. 항간에 어릴 때에 온순한 사람은 커서 성취하는 경우가 드물다고 합니다. 오히려 집안 식구들에게 꼿꼿한 사람이 조정에 들어가면 위엄과 절개를 세우는 경우가 많이 있습니다.

동궁 나 역시 조급하고 사납게 하자는 것이 아니라 대개 유약한 것이 강한 것만 못하다는 것을 말한 것이오. 매번 고요한 밤에 잠이 오지 않을 때면 심기가 아주 좋아져서 착한 마음이 무성해지다가 아침 낮으로 일을 처리하다 보면 그만 마음이 흐려지고 어지럽혀지니 이것이 가장 고민스럽소.

홍대용 착한 마음을 붙들어 놓는다는 뜻의 '조존操存' 두 글자는
　　　　　예로부터 마음공부인 심학心學에서 가장 중요한 격언이었
　　　　　습니다. 일이 있을 때나 없을 때나 항상 조존 공부를 더 하
　　　　　여 움직일 때나 고요히 있을 때나 한결같이 마음이 안정
　　　　　된 뒤라야 마음자리가 깨끗해지고 밝아져서 일의 처리가
　　　　　이치에 맞게 될 것입니다.

홍국영 계방의 아뢴 바가 매우 좋습니다. 이것이 편지에서 말한
　　　　　이른바 '경敬은 동정動靜과 통한다.'는 것입니다.

동궁　　참으로 그러하오. 하지만 고요함인 '정靜'을 위주로 하는
　　　　　것이 실상 학문의 요점이오.

홍대용 정이천이 어떤 사람이 고요히 앉아 있는 것을 보고 항상
　　　　　그것을 배우고 싶어 한 것은 한갓 고요히 앉아 있기만을
　　　　　위해서가 아니고 그 본원을 함양키 위한 것이었습니다.
　　　　　이 본령이 없으면 마음자리가 어지럽고 흔들리게 되니 일
　　　　　을 처리하는 데 조급하고 사납게 되는 것을 어찌 면할 수
　　　　　있겠습니까?

홍국영 저희 같은 신하들도 아랫사람이 잘못했을 때 분노를 억누
　　　　　르고 천천히 살펴보면 용서할 점이 있고 심기도 편안하게

안정됩니다. 그러니 분노를 억제하는 공부는 빠트릴 수 없는 것입니다.

동궁 효종대왕께서는 신하에게 벌을 내릴 때면 반드시 하룻밤을 지난 후에 결단하셨다고 하오. 성스러운 임금의 성찰하는 공부를 여기에서 볼 수 있소. 계방도 이런 이야기를 들은 적이 있소?

홍대용 신도 들은 적이 있습니다.

홍국영 어제 심부름 하는 중관에게 처벌하신 일 또한 너무 지나친 일이었으니 속히 타일러 풀어주는 것이 합당할 듯합니다.

동궁 지난 밤에 곰곰이 생각하니 다소 지나쳤다는 생각이 들었소. 그대의 말이 아주 옳소. 내일 잘 선처하도록 하겠소. 계방은 이것을 어떻게 생각하시오?

홍대용 그 일에 대해서는 신이 내막을 잘 알지 못하므로 뭐라고 감히 대답할 수는 없습니다만, 이미 춘방이 아뢴 바를 저하께서 옳다 하셨으니 내일까지 기다릴 것 없이 즉시 방면해 주시는 것이 간언을 따르는 데 과감하다 하겠습니다.

동궁　나는 잘못이 있을 때마다 뉘우치지 않은 적이 없었소. 다만 뉘우치고 자책하는 생각이 끊임없이 마음 속에 자리 잡아 떠나지 않으니 고민이 아닐 수 없소.

홍대용　잘못을 과감하게 고치는 것이 잘못이 없는 것보다 나은 것입니다. 잘못을 고친 다음에는 자연히 마음이 후련해지는 법인데 어찌하여 가슴속에 남겨 두고 뉘우칠 것이 있습니까?

동궁　계방의 말이 매우 좋소. 정자가 '자신을 벌주고 자책하는 것을 잠깐이라도 버릴 수 없다.'는 그 말이구려. 오늘 강론은 매우 좋았소. 상번은 논의할 주제를 끄집어 냈고 계방은 이를 부연해서 설명하였으며 하번은 총괄하여 매듭을 지었소.

이진형　오늘 심염조가 마침 춘방에 왔었습니다. 신들에게 '장황스럽게 문의를 아뢰는 것이 중요한 것이 아니다. 오직 한 가지 민망스러운 일이 있으니 곧 저하께서 궁료들의 잘못을 너무 지나치게 덮어 주신다.' 하였습니다.

홍국영　그의 말이 일리가 없지는 않습니다. 가까이 모시는 궁료치고 저하께 충성하고 사랑하는 마음이 없겠습니까마는 혹 저하의 엄숙한 위엄이 부족할까 염려해서 한 말일 것입니다.

동궁   아뢴 바가 그럴 듯하오. 이 자리에 있는 그대들을 어찌 쉽게 얻겠소? 그간에 망령되이 아뢴 것은 비록 타이르고 물리쳐 버리면 그만일 것이오. 그러나 동궁이 참여하는 서연의 체통이란 임금의 경연과는 아주 다른 것이라 함부로 말을 하더라도 죄 주거나 할 수 없는 것은 형편이 또한 그런 것이오. 이에 대해 계방은 어떻게 생각하시오?

홍대용   저하의 말씀이 지당합니다. '거친 것도 감싸주고 더러움도 품어준다(包荒含穢)'라는 말과 같이 임금의 덕량德量은 마땅히 이와 같아야 하거늘 하물며 저하이겠습니까? 다만 신의 망령된 소견으로는 저하의 덕량과 기국은 충분하지만 위엄과 중후함은 혹 부족한 듯합니다. 위엄과 중후함 이 두 가지를 배우심이 급선무일 것입니다. 포의의 선비도 그렇게 하는데 하물며 제왕의 학문이겠습니까? 모든 행동에서 중후함에 힘쓰는 것은 다만 덕을 기르는 터전이 될 뿐 아니라 귀천과 수요壽夭도 관계되는 것이기 때문입니다. 신이 매번 저하의 위의威儀를 우러러 보았는데 나라의 의표가 되는 편안하고 중후하며 단정하고 엄숙한 모습과는 거리가 있었습니다. 옛사람들의 말처럼 '단정히 앉으면 흙으로 만든 사람처럼 손발을 움직이지 말라.'는 것을 더 깊이 유념하심이 어떠하겠습니까?

동궁 그대의 경계하는 말이 나의 병통에 절실하게 적중하니 고맙게 여기오. 나 역시 이 점을 모르는 것은 아니오. 요즘 들어 늘 스스로 수양하며 다스려와서 전에 비해 조금 나아졌다고 생각했는데 오히려 여전함을 면치 못했구려.

홍대용 타고난 기질을 변화시키는 것이 어찌 하루아침에 가능한 것이겠습니까? 어느 때이건 어느 장소이건 잊지 않고 공부하는 것이 가장 중요한 방법입니다.

동궁 소위 공부라는 것을 감히 전폐야 하겠소마는 그간 한 것이 보잘 것이 없고 하는 척 흉내만 내었을 뿐이었소.

홍대용 그것은 저하께서 스스로 겸손해 하는 말씀입니다. 그렇기는 하나 겉으로 흉내만 내었다 하시면 그것이 어찌 진실한 마음으로 공부하는 절도라 할 수 있겠습니까?

동궁 (웃으면서) 흉내만 내더라도 꾸준히 하면 이루어지는 날이 있지 않겠소?

홍국영   지난번 저경궁에 거둥하실 때 계방도 수행하였습니다. 저하께서 말을 타실 때 편안하고 조용하게 고삐를 잡으셨기 때문에 백성들이 마음으로 기뻐했다고 합니다. 그런데 이번 육상궁에 거둥하실 때는 전하께서 재촉하셨기 때문에 조금 빨리 달리지 않을 수 없었던 것입니다.

동궁   혹 교외로 나가게 되면 어찌 빨리 달리고 싶은 마음이 없겠는가마는 감히 기분대로 할 수 없는 것이오. 이번 능행陵幸(능에 거둥함) 때는 전하가 타신 대가가 이미 떠나신 뒤라 뒤따르는 관원들의 가마로 길이 꽉 막히었소. 그때 천천히 혁교革橋를 건너와서 보니 이미 대가가 벌써 멀리 가셨으므로 부득이 빨리 달려 쫓아가지 않을 수 없었으니 그때 형편이 그러했기 때문이라오.

홍국영   신들이야 그런 줄 알고 있으나 이를 모르는 백성들은 모두 저하께서 말 달리기를 좋아한다 할 것입니다.

     동궁은 책을 덮은 다음에 북경 『진신편람縉紳便覽』을 꺼내어 보이며 말했다.

동궁   계방은 이 책을 본 적이 있소?

홍대용　보았습니다. 그들의 관직 제도는 대개 명나라 제도를 따른 것으로 천하의 큰 규모를 볼 수 있습니다.

동궁　관직 수효가 어찌 이렇게 적소?

홍대용　신은 이것도 오히려 많다고 생각합니다. 우리나라에 비하면 열 배도 넘습니다.

동궁　우리나라에 비하면 많지만 나라 크기로 말하면 결코 많다고 할 수 없는 거 아니오? 우리나라는 내외직을 합쳐서 관원의 수가 모두 얼마나 되오?

　　다들 자세히 모른다고 대답하자, 동궁께서 내관을 시켜 관안官案(관직자의 이름을 적은 책)을 가지고 오라 하였다. 춘방(홍국영)을 시켜 내직 관료 수를 헤아리게 하니 모두 900여 명이었고 홍대용에게 외직 관료 수를 헤아리게 했는데 모두 670여 명이었다. 내외직을 모두 합쳐 1,500여 명이 넘었다.

홍대용　신도 진실로 관원 수가 이처럼 많은 줄 몰랐습니다. 이러니 경비가 부족한 것은 의심할 여지도 없습니다.

동궁　참으로 쓸모없는 관원도 많구만.

홍대용 북경은 천관千官이라 하고 우리나라는 백관百官이라고 하는데 무슨 까닭에 이토록 불어났는지 알 수가 없습니다.

동궁 우리나라도 천관이라 하는 것이 합당하겠다. 북경에서는 만주족 관료와 한족 관료를 어떻게 구별하는가?

홍대용 이름 밑에 각자의 거주지 주소를 쓰는데 '만주모기인滿洲某旗人'이라 한 자는 만주족이고, '봉천모기인奉天某旗人'이라 한 자는 한군漢軍입니다. 한군이란 통일되기 전에 복종한 자의 후손으로 함께 팔기군에 있다가 봉천에 소속된 자들입니다. 봉천이란 심양을 말합니다.

동궁 관직이야 자주 바뀌는 것이지만 우리나라 관안은 왜 이리 자주 고쳐졌소?

홍대용 북경 관제는 9년마다 바뀌는 것으로 정했으므로 아침에 옮기고 저녁에 바뀌는 우리나라와는 다릅니다. 매년 연초에 관안을 고쳐 간행한 후 한 해 동안 사용하므로 그 사이에 바뀌는 것은 많지 않습니다.

동궁 북경에서 당보塘報를 보았소?

홍대용 보았습니다만, 우리나라와는 달리 옥안獄案이 많고 인쇄한 인본印本입니다.

동궁 우리나라 조보朝報도 인쇄해서 사용하는 것이 어떻겠소?

홍대용 선조대왕 때 한 번 인쇄하였다가 곧 금령이 내려져 금지되었다는 사실이 율곡 이이의 『경연일기經筵日記』에 실려 있습니다. 제 생각엔 인쇄하여 사용한다면 비용도 아주 절약될 듯합니다.

동궁 무방할 듯하오. (화제를 바꾸며) 그런데 북경 벼슬아치들의 녹봉이 너무 적은 것이 아니오?

홍대용 신 역시 그 까닭을 알지 못합니다. 다만 모든 왕자들의 녹봉은 매년 쌀 만 곡斛에 은 이만 냥이니 이는 도리어 지나치게 후한 듯합니다.

동궁 그것도 어찌 지나치게 후하다 할 수 있겠소? 우리나라는 세금도 면제되는 땅을 수천 결씩 깔고 앉았으니 이보다 더 후할 수 있겠소?

이때 전날에 공부했던 부분을 읽을 때부터 가끔 씹는 소리가 들리더니 다주茶珠 두어 알이 또르르 자리에 흘러 떨어졌다.

홍국영　(주워서 맛보고) 이것은 다주입니다. 다주를 너무 많이 드시는 것은 무슨 까닭인지요?

동궁　식체가 있기 때문이고 또 그 맛이 달고 향기로워 좋기 때문이오. (홍대용을 보며) 북경에서는 어떤 차를 최고로 여기오?

홍대용　보이차를 최고 상품으로 치는데 보이는 운남 지방에서 생산하는 까닭에 상당히 귀합니다. 신도 본 적이 없습니다. 다주는 용뇌龍腦 기운을 가졌는데 약성이 차서 기를 조화시키기에 알맞지 않습니다. 또 차는 쓴 것을 귀하게 여겨 단것은 먹기에 좋을지 몰라도 뒷맛이 쓴 것만 못합니다. 다만 계화차는 달고 향기가 다주만큼 강하지 않지만 기를 내리는 데 적합합니다. 체증으로 고생하는 사람들이 마시면 효력을 보지만, 그렇다고 너무 많이 드시면 아니 되옵니다.

동궁　계화차는 정말 체증에 좋은 것이오? 내가 원래 체증이 없었는데 어릴 때 체증이 있는 사람을 보고 속으로 부럽게 여겨 트림을 하며 따라 했더니 최근에 와서 실제로 체증이 생겨 아주 고생스럽소.

홍대용 체증은 글 읽는 사람이 흔히 겪는 증세입니다. 글 읽는데 가장 방해가 되니 몸을 잘 살피셔야 합니다.

동궁 세상 풍속이 점점 변하더구려. 밥상에 차리는 그릇 같은 것도 예전 것과 지금 것이 다르니 무슨 까닭에 그런 것이오?

홍대용 시대에 따라 숭상하는 것이 여러 번 변하는 것은 본래 그러한 것입니다. 다만 그 변함을 보면 역시 세상 운수의 오르고 내리는 것 또한 짐작할 수 있습니다. 식기 같은 것도 예전에는 주둥이를 반드시 넓게 했는데 지금은 배를 넓게 하고 주둥이는 오히려 줄여서 좁게 만듭니다.

동궁 그러면 어느 것이 나은 것이오?

홍국영 주둥이가 좁은 것이 넓은 것보다 못한 것은 분명합니다. 신의 집에는 아직 옛 그릇을 사용합니다.

동궁 계방은 집에서 어느 것을 사용하오?

홍대용 신의 집에는 요즘 만든 것을 사용합니다.

동궁 (웃으며) 계방은 유행을 쫓는 편이구려. 민간에서는 음식이 사치스러운가? 검소한가?

홍대용 나라가 태평한 지 오래되어 옷과 음식이 날로 사치해지고 있습니다. 그 때문에 식자층에서 이를 우려하고 있습니다.

동궁 계방의 집은 음식이 어떠하오?

홍대용 신같이 한미한 사람은 사치하고 싶어도 할 수가 없습니다.

이진형 신이 주서注書로 있을 때 인원왕후께서 하사하신 음식을 먹은 적이 있는데 그 맛과 품격이 하나하나 진기하고 특이한 것이 민간 음식에 비교할 바가 아니었습니다.

동궁 인원왕후께서는 재주와 인품이 남다르셨는데 음식 만드시는 솜씨도 또한 그러했소. 또 왕후의 친정에서도 본래 음식을 잘하기로 유명하였다 들었소. 그분들 중에는 어느 집 음식을 제일로 치시오?

홍대용 (저하의 묻는 뜻을 알지 못하여 홍국영을 돌아보면서) 척리戚里 집안을 가리키는 것인가?

홍국영   이는 ○아무개의 집을 말합니다.

홍대용   ○아무개의 집 음식은 사치하기로 유명했습니다. 모두 척
리에서 시작하여 차츰 그들의 인척들까지 영향을 주게 되
니 보고 들으면서 자연스럽게 물이 든 것이겠지만 전해진
말이 실제보다 과장되었을지도 모릅니다.

동궁   그 사람이 음식 사치를 극도로 했다는 말은 나도 들었소.
그가 부인이 만든 음식이 아니면 먹지 않았다는 말이 있
던데 진실로 그러했겠소?

이진형   실제 그런 소문이 있었습니다. 그러나 그가 나중에 귀양
살이할 때는 형편상 어쩔 수 없었으니 비록 어떤 음식인
들 먹지 않을 수 있었겠습니까? 굶주리면 음식을 가리지
않는 법입니다. 그는 그것으로 당시의 웃음거리가 되었던
것입니다.

동궁   근래에 들어서 음식의 품격은 떨어지고 사치만 지나친 듯
한데 이것이 오히려 풍성하게 차린 것만 못한 것이라 생
각하오.

을미년(1775, 영조 51)
8월 26일
경희궁 존현각

소대하였다. 『주서절요』 제7권 중에 「정정사程正思에게 답한 편지」와 「왕성가汪聖可에게 답한 편지」를 가지고 입시하였다. 겸필선 이보행李普行과 겸사서 임득호林得浩가 글과 뜻을 모두 아뢰었다.

동궁   무릇 이단의 학설이라 해도 반드시 그 소이연所以然을 밝힌 다음이라야 배척하고 물리칠 수 있을 것이오. 그렇게 하지 않는다면 어찌 그의 마음을 복종시킬 수 있겠소? 여기에 적혀 있는 내용 중에 '내가 옛날 불교 선종에서 배웠다.'라는 말은 곧 주자 자신을 말하는 것이겠소?

이보행   그렇습니다.

동궁　예로부터 고명한 사람이 불교에 물드는 일이 많은 것은 어째서요?

홍대용　사람의 마음에 대한 불서의 말과 내용이 기이하고 놀라워 읽는 사람이 자신을 성찰하고 깨달음을 얻는 데 아주 용이하게 되어 있습니다. 그래서 마음을 수양하는 데 너무 지나치면 그 학설에 빠져들기 쉽습니다.

동궁　『능엄경』 같은 불경은 그 말이 아주 좋다고 하오. 들으니 선비 중에도 읽는 자가 많이 있다고 하던데 참으로 그러하오?

이보행　고 재신宰臣 이덕수李德壽가 불서를 많이 읽었다고 들었습니다. 그 외에는 듣지 못했습니다.

동궁　계방도 불서를 읽어 본 적이 있소?

홍대용　『능엄경』·『원각경』 등 많이 알려진 불경을 젊었을 때 대략 본 적이 있습니다. 하지만 선비로서 몇 번을 읽었는지 헤아려 가면서 읽었다는 이야기는 듣지 못했습니다.

동궁　불경도 우리나라에서 인쇄한 것이 많소?

홍대용   승려들이 사용하는 것은 모두 국내에서 인쇄한 것입니다.
소위 팔만대장경이라는 판본은 그들이 중보重寶라 일컫는
것입니다.

동궁   듣자니 여러 차례 화재에도 불에 타지 않았다 하던데 사
실이오?

홍대용   팔만대장경은 경상도 해인사에 있는데 이 해인사가 여러
차례 화재가 있었으나 대장경이 있는 장경각은 불이 미치
지 않았다고 합니다. 게다가 날아다니는 새도 감히 집을
짓지 않는다고 하고, 1년 내내 청소하지 않아도 먼지가 없
다고 합니다. 비록 승려들이 과장하는 말이라 치더라도
꽤 신기하고 괴이한 일입니다.

동궁   그 판본이 어떻소?

홍대용   신도 직접 보지 못했지마는 대개 불서 판본은 유가의 경
전보다 훨씬 나은데 그 이유는 승려들의 정성을 따를 수
없기 때문입니다.

동궁   듣자니 승려들이 불서를 높이고 받드는 것이 유가의 선비
들 보다 낫다고 하던데 참으로 그러하오?

홍대용   높이 받들고 애호하는 정성은 유학자로서는 도저히 미칠
        수 없으니 매우 부끄러운 일입니다.

동궁   대장경 판본은 칠을 입혀 만들고 제작이 아주 정교하다고
        들었는데 과연 그러하오?

홍대용   신은 듣지 못했습니다.

동궁   도교는 우리 나라에 전해지지 못했소?

홍대용   도교는 비록 삼교三敎 중의 하나지만 선仙과 불佛의 나머지
        말을 주워 부적과 주문으로 기도하는 술법을 섞어 만들었
        으니 그 학설은 족히 말할 것도 없거니와 우리나라에는
        전해지지도 않았습니다.

동궁   중국에는 지금도 성행하는가? 계방은 중국에 가 보았으니
        과연 어떠하더이까?

홍대용   중국에도 성행하지는 않습니다. 용호산龍虎山 장천사張天師
        가문이 도가의 종주로 여깁니다. 운유雲遊니 전진全眞이니
        하는 자들이 있으나 모두 무식하고 학설도 없으므로 족히
        말할 거리도 되지 않습니다.

동궁   용호산은 중국 어디에 있는 산이며 그곳에는 누가 살고 있소?

홍대용   오두미도를 창건한 장도릉張道陵이 살던 곳인데 신도 그 산이 어느 지역에 있는지 기억하지는 못합니다. 다만 거기에 장도릉의 자손이 대대로 천사天師라는 자리에 있는데 신기한 이적도 많다고 합니다. 풍수가에서는 여기를 길지로 일컬어 공자의 고향인 궐리闕里와 동급으로 칭하고 있습니다. 들으니 천사라 불린 장도릉은 장량張良의 후손이라고 합니다.

동궁   송나라 효종은 도교를 숭상하였소?

홍대용   휘종도 자칭 도군道君이라고 했으니 말할 나위가 있겠습니까? 역시 도교에도 죄인일 뿐입니다.

동궁   이 편지에 '성시省試의 합격과 불합격을 마음에 두지 말라.'고 하였으니 이 말로 미루어 본다면 그 당시에도 과거에 붙고 떨어지는 것을 큰일로 삼았던 것 같소.

이보형   정정사程正思가 과거에 합격하지 못해서 주자가 이렇게 말한 듯합니다.

동궁   주자의 말이 이와 같았으니 그 당시의 인심을 충분히 짐
      작할 수 있겠소. 과거를 포기하는 것이 보통 사람으로는
      어려운 일이오. 계방은 언제 과거를 그만두었소?

홍대용 그만둔 지 4~5년이 되었습니다.

동궁   과거를 그만두기가 어찌 어렵지 않겠소?

홍대용 신은 재주와 지식이 부족하고 게다가 과거시험용 문장에
      는 더욱 익숙하지 못합니다. 그래서 그만둔 것이지 특별
      히 고상한 뜻이 있어서 그런 것은 아닙니다.

동궁   계방의 조예를 내 깊이 알지는 못하나 계방 같은 재주로
      어찌 과거에 합격을 못하겠소? 이것은 분명히 달갑게 여
      기지 않아서일 것이오.

이보형 계방이 과거를 그만둔 것은 대단히 어려운 일입니다. 옛
      사람들은 과거에 대해 '공부에 방해가 되고 뜻을 빼앗기
      는 것'이라 훈계하였고 실제 과거 공부하는 자들 중에는
      방탕하거나 언행을 함부로 하는 자들이 많습니다. 계방이
      과거를 그만둔 것은 '실학實學'에 전념하여 오로지 진실한
      학행에 주력하기 위해서인 것으로 보입니다.

동궁 계방은 누구의 자손이오?

홍대용 정사공신 남양군 홍진도洪振道의 6대손입니다.

동궁 어제 올린 거안擧案(임금에게 올리는 명단)을 보니 계방을 추천한 것이 어찌 그리도 많은가? 어떤 시직 또한 공신의 후손이라고 하던데 계방의 선조는 어떠한 사적이 있으셨소?

홍대용 특별한 사적은 없습니다. 신의 선조는 구사맹의 외손으로 인조대왕과는 이종사촌이 됩니다. 신의 종가는 높은 지대에 있었는데 집에 누각이 있어서 그곳에 오르면 한양 안을 내려다 볼 수 있었답니다. 그래서 거의擧義(인조반정)하던 당시에 모든 집안의 부녀자들이 모두 그 누각에 모여서 약속하기를 '대궐 밖에서 불빛이 보이면 대사가 성공한 것이고, 그렇지 않으면 실패한 것이니 그렇게 되면 우리들은 모두 자결하자.'고 하였답니다. 집안에 전해오는 이야기입니다.

동궁 그 집은 어느 곳에 있었소?

홍대용 남산 아래 암리문동에 있습니다.

동궁 그때 불빛으로 약속했다는 이야기를 나도 들은 적이 있는데 과연 그 집이었구려. 또 각자 명주 한 필씩 가지고 있다가 목을 매어 죽기로 약속했다는 이야기도 들은 적이 있소.

홍대용 명주에 대한 이야기도 전해오고 있습니다.

동궁 그 누각이 지금도 있소? '거의루擧義樓'라 부르는 것이 좋겠소. 정사공신은 중종 때 정국공신처럼 잡되지 않았소?

홍대용 신의 선조이니 신이 감히 말하기는 뭣하나, 연평 이귀와 승평 김류·완성 최명길·계곡 장유 같은 분들은 모두 유문儒門에서 강학한 분으로 정국공신과는 크게 다릅니다.

동궁 이귀도 또한 유문의 사람이오?

홍대용 이귀는 율곡 이이 선생의 문인으로 이이 선생이 모함 당했을 때 여러 차례 상소하여 변호하였습니다.

동궁 이귀는 이조판서와 병조판서를 자청해서 했다 하니 다른 사람들이 본받을 바는 아니나 그 사람의 충성과 진실함은 높이 평가할 만하오.

홍대용   참으로 옳으신 말씀입니다. 그 사람의 허물을 보면 그의
        인성이 어떠한지 알 수 있는 것입니다. 또한 그의 가법도
        매우 엄하여 아들들을 잘 가르쳐 두 아들 모두 귀하게 되
        었습니다. 연성 이시방이 술에 취해서 실수하자 그의 형
        연양 이시백이 아버지에게 아뢰고 막 종아리를 때리려 하
        는데 연평이 웃으면서 자기의 뒤에다 숨겨 주었다 하는
        이야기가 미담으로 전합니다.

동궁   그의 가법이 그러했었소?

홍대용   이시백이 수원부사로 있을 때 참소하는 말을 두렵게 여겨
        감히 갑옷과 병기를 수선하지 못했다고 합니다. 그러자
        이귀가 아들을 매질하며 꾸짖기를 '너는 이미 나라에 몸
        을 바쳤으니 국가를 위해 마음을 다할 것이거늘 어찌 참
        소하는 말을 돌아보느냐?' 하였답니다. 그의 충성스럽고
        진실한 가법을 볼 수 있습니다.

동궁   이괄이 반란을 일으켰을 때 이귀가 생존해 있었소?

홍대용   이괄의 난이 갑자년(인조 2, 1624)에 있었으니 반정하고 얼마
        지나지 않았을 때입니다.

동궁　돈화문(창덕궁의 정문)에 아직도 이괄의 도끼 자국이 있는데 그것은 인조께서 수리하지 말라고 명하셨으니 이는 편안할 때도 위태함을 잊지 말라는 뜻이었소.

이어서 연달아 이단잡서異端雜書에 대한 강론이 있었다.

동궁　진시황이 통일을 하기 이전에도 아마 잡서가 많았을 것이니 진시황이 분서한 것을 괴이하게 여길 필요가 없을 것이오. (말이 좀 심했다 생각했는지 웃으면서) 아니오. 이 일은 그렇게 말하기 어렵겠소. 혹여라도 내가 '진시황의 분서가 당연한 것'이라고 말했다고 잘못 전해진다면 어찌 되겠소?

홍대용　만약 진시황이 잡서를 불태우지 않았다면 세상에 아무 보탬도 없는 제자백가의 말이 세상 이목만 어지럽혔을 것입니다. 불태워 없앤 것이 무슨 해로움이 있었겠습니까?

해설

1. 홍대용의 생애

남양주 석실서원에서 수학하다

주류에서 태어났지만, 비주류의 삶을 지향했던 실학자 홍대용
洪大容(1731~1783). 북학파의 선구자 혹은 과학사상가로서 '지구가 자
전한다'는 지전설의 주창자로 일컬어지기도 했던 담헌 홍대용은
1731년(영조 7) 충청도 천안군 수신면 장산리 수촌에서 부친 홍력洪櫟
과 어머니 청풍 김씨 사이에서 맏아들로 태어났다.

홍대용은 조선사회의 중심에서 출발한 인물이다. 그가 속한 남
양 홍씨 가문은 누대로 정계에 진출한 노론의 핵심 문벌이었다.
6대조인 홍진도洪振道는 인조반정에 참여하여 공신이 된 인물이었
고, 조부인 홍용조는 숙종·영조대에 송시열을 효종의 묘정에 배향
할 것을 주장하였고 연잉군(훗날 영조)의 세자책봉을 반대하는 소론

유봉휘를 처형하라는 상소를 올리는 등 철저한 노론세력이었다. 부친인 홍력은 영천군수와 나주목사를 역임했으며, 중국 연행길에 동행했던 숙부 홍억은 예·형·공조판서를 역임하며 현달한 인물이다.

이처럼 홍대용은 마음만 먹으면 출세를 보장받은 혈통이었다. 그런 배경을 안고 출발하였지만, 홍대용은 집안 전통과 달리 순수한 학문의 길을 선택했다. 이미 10세 때부터 '고학古學'에 뜻을 두어 과거시험은 크게 신경 쓰지 않았다. 오늘날과 마찬가지로 과거시험을 합격하기 위해서는 시험에 걸맞는 공부를 해야만 했다. 그러나 홍대용은 반복되는 입시시험, 즉 과거시험에는 영 흥미가 없었고, 인연도 없었다. 물론 훗날 집안 대대로 중앙관직과 지방수령을 거친 선조들이 있었기에 과거를 거치지 않고 음직蔭職으로 관직에 진출하기도 하지만, 그의 인생을 돌이켜 보면 관직에는 큰 뜻이 없었던 인물이라 평할 수 있다.

노론의 명망가 출신이다보니 스승을 정하는 것이 그리 어렵지 않았다. 홍대용은 어린 나이에 당시 김원행金元行(1720~1772)이 있는 석실서원石室書院에 들어갔다. 석실서원은 안동김씨 세거지(현 남양주시 수석동)에 있었던 서원으로 북벌론의 이념적 표상이었던 김상헌金尙憲(1570~1652)의 학덕과 충절을 기리기 위해 세운 서원이었다. 이후 김수항金壽恒(1629~1689)과 김창협金昌協(1651~1708)이 이곳에서 그의 학문을 계승하였고, 스승인 김원행은 당대 기호학파의 대표적인 유학자였다.

석실서원도(간송미술관 소장)

　홍대용이 석실서원에서 수학한 기간은 12세부터 35세까지 23년간이다. 이 기간 동안 엄격한 학풍을 내면화하면서 평생 관직에는 관심을 보이지 않은 채, 철저한 도학자로서의 기반을 닦았다. 특히 그가 힘써 공부한 분야는 천문학·수학·역산학·음악·병법 등이었는데, 이 분야는 모두 당시의 과거 시험과는 상관없는 학문 분야였다고 할 수 있다. 그렇다고 그가 당대의 지배적인 학문 경향을 완전히 무시했던 것은 아니어서 그의 글 가운데에는 경서經書에 대한 해설도 있다.

　홍대용은 젊은 날 한때는 과거에 몇 차례 응시한 적도 있으며, 40대에 들어서는 처음으로 과거 급제의 경력은 없지만 음직을 얻어 관직에 나선 일도 있다. 정조 임금이 왕위에 오르기 전 17개월 동안 홍대용은 그 선생님 노릇을 했고, 그 경험을 기록한 것이 『계방일기』이다. 그는 이 자리에 있는 동안 정조에게 중국 이야기를 들려주기도 했다.

제자인 정조가 왕이 된 다음 홍대용에게는 몇 차례 지방의 수령 자리가 벼슬로 주어졌다. 홍대용은 일생 동안 모두 8년간 관직에 있었다. 1783년까지 홍대용은 태인 현감, 그리고 영천 군수를 잠깐씩 지냈지만, 그의 마음 속에서는 언제나 벼슬은 그만 두고 고향에서 글 읽고 책을 쓰는 것을 희망하고 있었다.

어머니의 병을 구실로 고향에 돌아와 있던 홍대용은 1783년 10월 23일 저녁 6시[酉時]쯤 갑자기 풍으로 세상을 하직했다. 꼭 52년하고도 7개월 남짓의 길지 않은 일생이었다. 그의 본관은 남양南陽, 호는 홍지弘之라 했고, 자는 덕보德保, 당호로는 담헌湛軒을 썼기 때문에 오늘날 그의 문집은 『담헌서湛軒書』란 이름으로 남아 있다.

홍대용 증직교지(홍대용 후손가 소장)

홍대용이 남긴 글은 먼저 연행 기록으로 『담헌연기湛軒燕記』와 『을병연행록』(한글판) 등이 있다. 1765년(영조 41) 11월 2일 서울을 떠난 홍대용 일행은 12월 27일 북경에 도착했고, 거기서 두 달을 머물다가 이듬해인 1766년 3월 1일 북경을 출발해서 4월 27일 서울로 귀환했다. 서울에서 북경까지 가는 데 걸리는 시간이 두 달, 북경에 머문 시간 역시 두 달이었고, 또 북경에서 서울로 돌아오는 데 다시 두 달이 걸린 셈이다. 그의 연행록은 바로 이 반년 동안의 일들을 적어 남긴 것이다.

연행록 외에도 『주해수용』·『의산문답』·『계방일기』가 있는데 『주해수용』은 수학 책으로 현실에 맞게 적용하기 위한 산법算法을 체계적으로 정리한 것으로, 1768년경 부친 상중에 지었다. 부피를 구하는 체적법體積法, 제곱근·세제곱근을 따지는 개방법開方法, 삼각법에 관한 팔선八線·구고句股 등과 천문 지리의 관측 및 그 기구에 대한 내용들이 포함되어 있다. 홍대용이 그 당시 얼마나 수학이 중요하다고 느끼고 있었는지를 보여 준다.

『의산문답』은 홍대용이 지은 책 가운데 가장 급진적이고 혁신적인 세계관이 담겨 있는 저술이다. 이 책에는 우주와 지구 그리고 기상 현상과 생물에 대한 이야기에 이르기까지 신기한 생각이 담겨져 있다. 『계방일기』는 정조 임금이 세자였던 시절에 스승이었던 홍대용이 그 때를 회상해서 쓴 기록이다.

세계관을 바꿔 놓은 중국 여행

　　홍대용의 일생에서 가장 전환점이 된 사건은 중국 연행이다. 1765년(영조 41) 음력 11월 27일 홍대용은 서른다섯의 나이로 중국 땅을 밟기 위해 압록강을 건넜다. 평소 시 짓는 것을 그리 좋아하지 않았지만, 이 순간만은 예외였다. 평생의 소원이 하루아침의 꿈같이 이루어져 얼어붙은 압록강을 건너는 순간, 말고삐를 움켜쥐며 미친 듯이 노래를 불렀다.

> 간밤에 꿈을 꾸니 요동 들판을 날아 건너
> 산해관 잠긴 문을 한 손으로 밀치도다.
> 망해정 제일층 취후醉後에 높이 앉아
> 갈석산을 발로 박차고 발해를 마신 뒤에
> 진시황의 미친 뜻을 칼 짚고 웃었더니
> 오늘날 초초한 행색이 누구의 탓이라 하리오.
>
> ― 홍대용의 『을병연행록』

　　몸은 작고 여리여리한 귀공자였던 홍대용은 압록강을 건너며 자신의 원대한 포부를 시로 읊었다. 광활한 요동 들판을 날아서 거대한 산해관의 문을 한 손으로 밀어내고, 몽골과 요동 사이를 가로지른 갈석산을 발로 박차고 넓디 넓은 발해물을 모두 마시겠다는 그의 노랫말은 한편으로 조선사회가 얼마나 답답하고 그를 짓눌리게 했는지 짐작할 만하다.

서른다섯의 나이로 머나먼 중국 땅에 가게 된 홍대용. 좁은 조선 땅 안에서 우물 안 개구리마냥 입신양명立身揚名이 인생의 전부인 것으로 아는 대부분의 조선 유자층들과는 전혀 다른 인물이었다. 그에게서 중국 여행은 세계관을 변화시킨 큰 경험이었다. 중국을 다녀온 뒤 쓴 『을병연행록』은 연암 박지원의 『열하일기』, 그리고 김창업의 『노가재연행일기』와 함께 조선시대 3대 중국견문록으로 꼽힐 정도로 많은 사람들에게 읽혀졌고, 중국 견문의 붐을 일으켰다.

을병연행록(한국학중앙연구원 소장)

홍대용은 원리 원칙을 중요하게 여기는 전형적인 선비 타입의 인물이다. 세속적인 선비가 아닌 진실한 선비가 되는 것이 인생의 목표였다. 그가 동시대를 살았던 선비들과 다른 점이라면, '명明'이어야만 한다는 아집에만 젖어 있지 않았다는 것이다. 병자호란 뒤 조선사회는 북벌北伐과 함께 청에 대한 복수심에 불타 올랐다. 전통적인 화이관華夷觀에 젖은 조선 유학자들은 청을 중화中華로 인정하지 않았다. 그러나 18세기에 들어와 중국 연행燕行을 다녀 온 사람들을 중심으로 청의 문물을 받아들여야 한다는 주장들이 조금씩 생겨나기 시작했고 그 중심에 선 인물이 홍대용이다. 북경 유리창에서 만난 항주의 선비 엄성과 반정균, 육비와 시공을 초월한 우정을 나누면서, 그리고 천주당과 관상대를 방문하여 서양의 문물을 접하면서 홍대용은 서서히 새로운 세계관을 가진 인물로 탈바꿈되어갔다.

시류의 선비들이 이론만 떠받들면서 실천에는 등한시한 세태를 걱정하며 새로운 세상이 펼쳐지기만을 고대하던 조선의 지성, 홍대용은 아쉽게도 1783년 풍으로 쓰러진 후 일어나지 못했다. 홍대용의 갑작스런 부고를 전달 받은 연암 박지원은 그의 죽음을 슬퍼하면서 아래와 같은 내용의 묘지명을 썼다.

홍대용은 넓은 땅에서 제대로 된 선비를 만나고 싶은 소망이 있던 차에 북경 유리창에서 엄성·반정균·육비 등 청나라 학자들을 만났다. 이들 또한 평소 제대로 된 지기知己 만나지 못하고 있었다. 이들은 서로의 학식에 놀라고 반기며 국경을 초월한 우정을 나누었다. '한 번 이별하면 다시는 못 만날 것이니, 황천에서 다시 만날 때 아무런 부끄러움이 없도록 살아 생전에 더욱 학문에 정진하자.'하며 약속하고 영원한 이별을 하였다.

덕보는 이들 중 동갑인 엄성과 특히 뜻이 잘 맞았다. 엄성에게 충고하기를 '군자가 자기를 드러내고 숨기는 것은 때에 따라야 한다.'고 했는데, 엄성이 크게 깨우치는 바가 있어서 과거를 포기하고 남쪽으로 간 뒤 몇 해만에 그만 죽었다. 부고를 받아든 덕보가 제문을 짓고 제향祭享을 중국으로 보냈는데, 마침 이것이 엄성의 집에 도착한 날이 대상大祥(죽은 지 2년만에 지내는 제사)이었다. 모인 사람들이 모두 경탄하며 '명감冥感이 닿은 결과다.'라고 하였다. 엄성의 아들이 부친의 유고를 덕보에게 보냈는데 돌고 돌아 9년만에 도착하였다. 그 유고에는 엄성이 손수 붓으로 그린 덕보의 초상화가 있었다(그 초상화는 오늘날에도 전해지고 있으며, 홍대용의 유일한 초상화다). 엄성이 병이 위독할 때 덕보가 기증한 조선산 먹과 향을 가슴에 품고 떠났다. 관 속에 이 먹을 넣어 장례를 치렀는데, 절강사람들이 기이한 일이라 하였다.

천안시 수신면에 있는 홍대용 묘소

엄성의 모습(과천시 소장)

- 박지원의 「홍덕보묘지명」

조선에 돌아 온 홍대용은 이들과 나눈 왕복 편지와 필담을 묶어 '회우록會友錄'이라 하고 이 서문을 박지원에게 부탁했다. 이들이 나눈 세기의 우정을 누구보다 부러워했던 박지원은 홍대용이 갔던 길을 따라 1780년 북경 향해 떠났다.

홍대용은 18세기 북학바람을 몰고 온 인물이다. 개혁군주 정조 시대, 수많은 북학파들이 생겨났다. 박지원, 박제가, 이덕무, 유득공, 이서구 등이 그들이었다. 특히 박지원은 홍대용에 열광하며, 자신의 연행록인 『열하일기』에 홍대용을 무려 26번이나 등장시켰다.

2. 천문에 눈을 뜨다

홍대용은 천안에 머물면서도 그 시야가 우주에 두루 미쳤고 가슴의 크기는 천하를 담을 만했다. 홍대용이 언제부터 천문학에 관심이 있었으며, 천문 기구를 만들어 보려는 소망을 품었는지는 확실하지 않지만, 어려서부터 천문학과 천문 기구 등에 큰 관심을 가지고 있었음이 분명하다. 마침 서양 천문학 지식이 북경에 와서 활약하고 있던 서양 선교사들을 통해 한문으로 번역 소개되고, 그 가운데 일부 서적은 조선의 지식층에게도 전해지고 있었기 때문에 홍대용은 그런 책을 통하여 그의 호기심을 불태우고 있었던 것이다. 그러나 막상 그런 기구를 스스로 만들 만한 제작 기술이 그에게는 없었다.

홍대용이 천문에 대한 자신의 관심을 실현에 옮길 수 있게 된 것은 1759년 가을, 그의 나이 29살 때의 일이었다. 홍대용은 조선 실학과 과학사에 족적을 남기는 만남을 갖게 된다. 홍대용은 아버지가 목사로 있던 금성錦城(지금의 전남 나주)을 여행하였는데, 그곳에서 당대 최고 과학기술자인 나경적羅景績을 물염정이라는 정자에서 만나게 된 것이다.

물염정

그때 이미 70세를 넘기고 있던 나경적은 문하생 안처인安處仁과 함께 여러 가지 기계 장치들을 제작하고 연구하고 있었다. 홍대용이 그를 방문했을 때 그의 집에는 그가 만든 기계 시계, 즉 자명종이 전시되어 있었다. 홍대용은 그와 만나 담화한 끝에 그에게 온갖 천문 기구와 시계 등을 만들어 줄 것을 부탁했고, 그렇게 제작된 천문기구 등은 그의 고향집으로 옮겨져 설치되었다.

나경적은 과연 어떤 인물이었을까? 전남 화순 실학마을에 있는 규남박물관에서 그의 흔적을 찾을 수 있다. 규남 하백원 역시 실학자였다. 신경준, 위백규, 황윤석 등과 함께 호남의 4대 실학자로 뽑힐 정도로 조선 후기 이름난 실학자였다. 과거에 합격하고도 벼슬을 포기한 그는 많은 실용적인 기기를 발명하며 실학자의 길을 걸었다. 특히 김정호의 대동여지도보다 50여 년 앞서 동국지도를 제작한 인물이었다. 이런 하백원의 스승이 바로 나경적이었다.

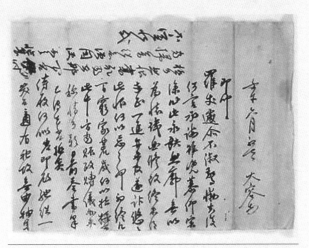

나경적의 죽음을 애도하는 홍대용 간찰(규남박물관 소장)

홍대용은 12살에 입학했던 석실서원에서 여러 친구를 사귀고 그 친구들과 평생을 교유하였다. 특히 스승인 김원행의 아들 김이안과는 아주 가까운 친구가 되어 서원을 떠난 뒤에도 편지를 주고 받았다. 또 홍대용이 농수각이라는 개인 천문대를 만들고 여러 가지 천문 기구를 만들어 두자 그것을 구경하고 이에 대한 글을 써 주기도 했다.

홍대용의 교제에서 박지원, 황윤석, 정철조 등을 뺄 수가 없다. 이 가운데 특히 황윤석과 정철조는 천문학에 조예가 깊었던 인물들로 홍대용과는 자주 만나 천문에 관해 진지한 토론을 한 사이다. 1780년 중국에 갔던 박지원은 북경의 관상대에 있는 천문 기구들을 쳐다보면서 이렇게 생각했다고 『열하일기』에 쓰여 있다.

안에 있는 여러 기구들은 내 친구 정철조의 집에서 전에 본 것과 비슷했다…. 한 번은 홍대용과 함께 그의 집에 간 적이 있는데, 둘이서는 황도, 적도, 남극, 북극 하면서 토론했다. 어떤 때는 고개를 끄덕거리고, 또 어떤 때는 고개를 가로저으면서. 그러나 그들의 하는 이야기는 너무 어려워서 나는 더 듣지 않고 잠들고 말았다. 새벽에 깨어 보니 둘이는 아직도 어두운 불빛 아래 토론을 계속하고 있었다.

홍대용이 중국이라는 새로운 세계에서 마음껏 활동한 것은 역시 북경에 있는 동안이었다. 1601년 이탈리아 출신의 예수회 선교사 마테오 리치(중국 이름 利瑪竇)가 북경에 자리잡고 활동을 시작한 이래 북경에는 대대로 서양 선교사들이 카톨릭의 선교와 함께 과학 기술을 가르치고 있었다. 홍대용이 청나라에 갔을 때는 이미 1세기 동안 서양 선교사들이 청나라의 천문 기관을 완전히 장악하고 과

학자로서 활약하고 있던 그런 시절이었다. 임금을 천자 즉 하늘의 아들이라 여겼던 중국의 정치사상에서는 천문을 관측하고, 천체 운동을 예보하며, 역법을 다스리는 일은 임금의 일 가운데 가장 중요한 것으로 여겨지던 때였다. 그런데 바로 그 일을 중국인들은 이미 서양 과학자인 선교사들에게 맡겨두고 있었던 것이다.

혼천의(국립중앙박물관 소장)

홍대용이 중국을 갔을 때 중국 천문대(당시 흠천감欽天監) 대장과 부대장은 독일 출신의 선교사이며 과학자였던 할러슈타인(중국 이름 유송령劉松齡)과 고가이슬(중국 이름 포우관鮑友官)이었다. 그는 중국에 있는 두 달 동안 이들을 찾아 간 것이 4일이나 되었다. 그 정도로 홍대용은 서양 선교사들을 만나 새로운 정보를 얻어 보려고 힘썼던 것을 알 수 있다. 처음 그들을 찾아 갔을 때에 서양 선교사들은 조선에서 찾아 온 손님을 환영하지 않았다. 많은 조선 사신 일행이 선교사들이 묵고 있던 남천주당을 찾아 구경하고 이야기도 나눈 일이 있지만, 대체로 그들에게 좋은 인상을 남기지 못했기 때문이었다. 선물을 얻고서는 답례를 하지 않거나 구경 도중 시끄럽거나 함부로 침을 뱉는 등의 무례한 짓들이 있었기 때문에 조선의 손님을 기피하고 있었던 것이다.

홍대용은 이들을 만나기 위해 아주 정중한 편지를 써서 만나기를 청했을 뿐 아니라 품위있는 선물을 먼저 보내기도 했다. 이 과정을 거쳐 어렵게 그는 서양 선교사들을 만날 수 있었다. 그러나 이렇게 시작된 만남은 첫날 천문학 관계 질문에 대해서는 대답을 피했기 때문에 그리 깊이 있는 천문역산학 관계 정보 교환을 할 수는 없었다. 서로 글을 써서 대화하는 필담筆談 방식으로 대화를 나눴고 그 내용은 오늘날 홍대용의 문집 속에 「유포문답劉鮑問答」이란 글로 남아 있다. 유송령, 포우관과의 대화라는 뜻에서 붙인 제목이다.

여기서 홍대용은 천주교의 성화聖畵도 구경하고 또 천주교에 대해서도 약간 대화를 나눴다. 그러나 그가 정말로 관심 있었던 것은 서양의 과학이었다. 그곳에는 몇 가지 천문 기구들이 전시되어 있었는데, 홍대용은 나침반과 휴대용 해시계를 구경했다. 또 자명종과 뇨종도 구경했다. 자명종은 지금으로 치면 추 달린 벽시계 같은 것이고, 지금 자명종이라 부르는 것이 바로 홍대용이 본 뇨종이었다. 그는 또 풍금을 보고 한 번 쳐보기를 간청해서 연주를 간단히 해보기도 했다. 그가 처음 본 악기를 얼마나 잘 연주했는지 의문이지만, 거문고를 언제나 가지고 다닐 정도의 음악가이기도 했던 홍대용이기에 적어도 그 악기의 이론만은 보는 즉시 설명할 수 있었을 것이다.

천리경(실학박물관 소장)

홍대용은 처음으로 망원경을 구경하고 또 이를 통해 해를 관찰할 기회를 얻었다. 망원경은 1608년 서양에서 처음 만들어졌고, 갈릴레이는 이를 천문 관측에 처음으로 이용하여 많은 사실을 발견한 것으로 밝혀져 있다. 기록에 의하면 이 망원경이 처음 우리나라에 들어 온 것은 1631년 명나라에 사신으로 갔다가 돌아온 정두원이 천리경을 가져 온 것에서 비롯한다.

낮이었기 때문에 태양을 관측할 수 밖에 없었던 홍대용은 망원경을 들여다 보자 깜짝 놀라고 말았다. 태양 한 가운데 반듯하게 가로 줄이 있었기 때문이다. 놀라서 그 까닭을 묻자 서양 선교사 대답은 그 줄은 해 속에 있는 것이 아니라 망원경 안에 수평을 잡기 위해 그려 놓은 줄이라는 것이었다. 당시 조선에서 가장 앞서서 신문물을 접한 홍대용이지만 망원경 체험은 신세계같은 경험이었다.

북경 고관상대

　홍대용은 1월 24일 새벽에도 길 가에 있는 천문대(흠천감)를 찾아가 멀리서 구경을 하게 되었다. 홍대용이 본 천문대는 현재 북경 건국문 옆의 고관상대를 가리킨다.

3. 애오려와 건곤일초정

홍대용은 천안에서 태어났다. 현재 그가 살았던 집터와 무덤은 천안시 수신면 장산리에 자리하고 있다. 지금은 행정구역상 천안시 소속이지만, 당시에는 청주 수신면 장명리였다. 장명長命은 장수長壽를 의미하여 당시에 이 마을을 수촌壽村이라고도 불렀다.

홍대용이 천안에서 태어나게 된 것은 그의 조부 홍용조가 벼슬에서 물러나 천안에 안착하면서 선영이 조성되었다고 전한다. 홍대용은 이곳 수촌에서 태어나고 삶을 마감했다. 홍대용의 호인 담헌湛軒은 곧 그가 살던 수촌집의 헌명軒名이다. 이 이름은 그의 스승이자 석실서원 원장인 김원행이 지어준 이름이다.

남산에는 봄에 머물 집이 있고 / 木覓留春塢
청주에는 나를 사랑하는 집이 있다 / 淸州愛吾盧

기러기 같이 왔다 갔다 하며 / 去來同陽鳥

문을 닫고 있으면 빈 집 같다네 / 杜門在若虛

    홍대용은 서울 남산 밑 유춘오와 천안집인 애오려를 오고가는 기러기 생활을 했다. 서울집인 '유춘오留春塢'와 '애오려愛吾廬'라 불린 홍대용의 수촌집은 아쉽게도 현재 사라지고 없고 추정되는 집터만 남아 있다.

    '내 집을 사랑한다'는 뜻의 애오려는 도연명의 시 '오역애오려吾亦愛吾廬'에서 유래한 것이다. 조선시대 선비들은 집 이름으로 애오려를 즐겨 사용하였다. 그런데 홍대용의 애오려는 이 뜻과 사뭇 달랐다. 홍대용의 벗 김종후는 "도연명의 애오려는 '내 집을 사랑한다'는 말이지만, 홍군洪君 덕보德保는 '나를 사랑한다'는 뜻으로 집 이름을 한 것이다." 라고 했다. 그렇다면 홍대용은 왜 다른 의미로 사용했을까?

    "인자仁者는 남을 사랑한다고는 하였으나 나를 사랑한다고는 하지 않았다. 비록 그렇지만 나를 사랑하면 남을 사랑하는 것이 그 속에 있는 것이다. … (중략) … 남을 사랑한다는 것은 본래 나를 사랑하는 그 테두리 밖에서 나오는 것이 아니다. 그러므로 군자는 오직 나를 사랑하는 도道에 힘써 심력을 다할 뿐이니, 이것이 바로 덕보의 뜻이로다! 그러나 나를 사랑하는 것이 남을 사랑할 수 있음이라는 것만 알고 남이 곧 나[吾]라는 것을 알지 못하면 어찌 타당하겠는가!"

- 김종후, 『담헌집』「애오려기」

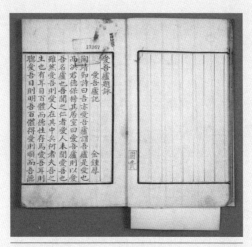

애오려제영(충남대학교도서관 소장)

건곤일초정제영(충남대학교도서관 소장)

농수각이 만들어진 홍대용의 수촌집은 중국 문인들에게 많이 알려진 듯하다. 홍대용이 북경 여행에서 사귄 문사文士 손유의孫有義는 "내가 전에 그대의『팔경지』읽고서 몇 번이고 '애오려'를 꿈꾸었다네(我昔讀君八景誌 幾回魂夢愛吾盧)."라는 시를 쓸 정도로 홍대용의 집인 애오려를 방문하고 싶어 했다.

깊숙한 시골에다 집을 사고 / 買宅深巷裏

서쪽 동산에 초집 정자를 지었네 / 西園一草盧

비록 산수가 좋지는 않지만 / 雖無山泉賞

숲과 골짜기가 퍽 청허하다오 / 林壑頗淸虛

우거진 그늘은 벼랑을 가리고 / 繁陰翳崩岸

그윽한 풀은 충충대에 뒤덮였네 / 幽草遍層除

문에는 찾아오는 손님 없고 / 門無長者轍

책상에는 먼 나라서 온 편지만이 쌓였네 / 床有遠方書

길이 선사의 교훈만을 되새기니 / 永懷先師訓

날로 세상 사람들과는 점점 소원해진다네 / 日與世人疎

다투지 않으니 훼방이 쌓이지 않고 / 無競免積毁

재주가 없으니 헛된 명예도 없네 / 不才絶虛譽

좋은 벗이 때로 찾아오는데 / 好友時扣門

술 받아 신선한 나물로 대접하네 / 壺酒有嘉蔬

거문고를 높은 난간에 앉아 타노라면 / 淸琴響危欄

곡조에 맞기도 하고 또한 슬퍼 한숨도 나네 / 中曲且悲噓

방치되는 것이 진실로 나의 천성이나 / 棄置固天放

소심이 더러 허전하기도 하네 / 素心或虛徐

근심과 즐거움이 다할 때가 없소마는 / 憂樂無了時

물성이 그런 걸 내가 어쩌리오 / 物性奈如予

홍대용은 수촌집 동산에 정자를 짓고 정자명을 '건곤일초정乾坤一草亭'이라 하였다. 하늘과 땅으로 집을 삼아 눈을 감고 천지를 통관하는 즐거움을 누린 것이다. 그는 스스로를 건곤일초정의 주인이라 칭하였다.

"추호秋毫를 크다 하고 태산泰山을 작다 함은 장주莊周씨의 과격한 말이로다. 지금 내가 건곤乾坤을 한낱 초정草亭처럼 여기니, 나도 장차 장주씨의 학문을 할 참인가? 30년 동안 성인聖人의 글을 읽었던 난데, 어찌 유儒에서 도망하여 묵墨에로 들소냐? 말세에 살며 화란을 겪자 하니, 눈의 현란함과 마음의 아픔이 극심하여서라.

아! 물아物我가 이뤄졌는지 아닌지도 모르는데, 귀천貴賤 영욕榮辱인들 논해 무엇하랴? 잠시 살다 죽는 것은 부유蜉蝣의 생애보다 못하도다. 아서라, 내 뜻대로 즐기며 이 정자에 누워서 이 몸을 조물造物에 맡기려 하노라."

애오려는 어떤 모습이었을까. 홍대용은 중국인 벗 반정균에게 수촌집의 팔경을 소개하였다.

팔경소지八景小識

산속 정자에서 거문고를 탄다 / 山樓鼓琴

섬 속 누각에서 종을 울린다 / 島閣鳴鐘

거울 같은 못에서 고기 구경한다 / 鑑沼觀魚

구름다리에서 달을 구경한다 / 虛橋弄月

연못에서 배 타며 신선놀이 한다 / 蓮舫學仙

선기옥형으로 천체를 관측한다 / 玉衡窺天

감실에서 시초로 점친다 / 靈龕占蓍

활터에서 기러기를 쏜다 / 觳壇射鵠

네모난 두 칸인데 가운데 방을 한 칸 만들고 북쪽에 반 칸 협실夾
室을 두었다. 동쪽에 반 칸의 누樓를 만들어 길게 하였고, 서남쪽
은 모두 반 칸의 헌軒을 만들고 담헌湛軒이라 하고 서쪽으로 길게
하여 남쪽으로는 누 아래에 이르게 하였다. 지붕은 짚으로 덮고
아래는 돌로 섬돌을 만들었다.

사면에 뜰이 있어 말이 돌아다닐 만하고 남쪽에는 네모난 못이
있어 수십보 길이가 된다. 물을 끌어들여 대었더니 배를 띄울 만
하고, 둥근 섬을 쌓았는데 주위가 십 보 가량 된다. 그 위에 작은
누각을 세워서 혼천의渾天儀를 간직하고 있다.

못을 둘러 돌을 쌓아 제방을 만들었는데 제방 위가 넓어서 뜰

이나 마찬가지이다. 나지막한 담으로 두르고 담 아래에 흙을 모아 계단을 만들고 이러저러한 잡꽃을 심었다. 동루東樓에 산수화 장자를 두어 폭을 걸고 상 위에 두어 장의 현금玄琴이 있으니, 그 누를 이름하여 향산響山이라 한다. 대개 종소문宗少文의 말에서 취한 것이다. 그래서 산루고금山樓鼓琴이라고 한 것이다.

도각島閣을 농수籠水라 하였는데 대개 두공부杜工部의 시에서 그 뜻을 취한 것이다. 혼의渾儀는 보각報刻의 종鐘이 있고 또 서양의 후종候鐘이 있으니 때를 따라 스스로 울리기 때문에 도각島閣의 명종鳴鐘이라 한 것이다.

그 방소方沼는 활수活水를 끌어 대니 그다지 혼탁하지 않고, 임원林園의 대나무가 물 속에 거꾸로 비쳐 출렁거리며 기묘한 변화를 일으키니, 이름하여 일감一鑑이라 하였다. 대개 회옹시晦翁詩에서 취한 것이다. 어종魚種이 극히 번식하여 큰 것은 영척盈尺짜리가 있어 물결을 내뿜고 거품을 뿜으며 수초 사이에 뛰노니, 시인의 이른바 '비泌의 양양洋洋함이여 가히 기飢를 요療하리로다.' 함이 이것이다. 그러므로 이르기를 감소鑑沼의 관어觀魚라 한 것이다.

연못 북쪽 언덕에 나무를 가로놓아 다리를 만들어 도각島閣에 통하니 이를 보허교步虛橋라 한다. 매양 바람이 잦고 물결이 고요할 때면 구름기와 나는 새가 공중에 떠돌며 밤에는 달빛이 물에 비쳐 금파金波가 요란하여 사람이 그 위에 걸어가면 황홀하게 무지개를 타고 하늘거리[天衢]에 오르는 것 같다. 그러므로 허교농월

虛橋弄月이라 한 것이다. 나무를 깎아 방주方舟를 만드니 두 사람이 탈 수 있다. 한쪽 머리는 둥글고 크며 한쪽 머리는 뾰죽하고 높은데, 대략 단채丹彩를 칠하여 연꽃모양을 만들고 이름하되 태을연太乙蓮이라 하니, 대개 상像을 해선도海仙圖 가운데의 태을연주太乙蓮舟를 취한 것이다. 그러므로 연방학선蓮舫學仙이라 한 것이다.

혼의渾儀의 제작은 대개 선기옥형의 유제遺制에서 나온 것이니 일월日月의 운행과 성신星辰의 전도纏度를 이에 나아가 구할 수 있다. 그러므로 옥형玉衡 규천窺天이라 한 것이다.

동루東樓의 북쪽에 한 감실을 세워 시실蓍室을 만들고 이름하여 영조감靈照龕이라 하니 대개 고시古詩의 '영명靈明이 위에서 비친다.'에서 취한 것으로 장차 할 일이 있으면 반드시 분향하고, 세심洗心하여 서의筮儀에 의하여 시초蓍草를 세워 구할 것이므로 이르되 영감점시靈龕占蓍라 한 것이다.

연못의 동쪽에 돌을 쌓아 단壇을 만드니 두서너 사람이 앉을 수 있다. 이것을 활쏘기 하는 곳으로 하고 이름하여 지구志毂라 하니, 대개 맹씨孟氏의 말에서 취한 것이다. 독서하고 남는 시간과 농사 짓고 남는 겨를에 마을의 활쏘는 사람을 모아놓고 과녁을 북원北園에 세우고 짝으로 나아가 승리를 다투어 서로 즐기니, 그래서 이르되 구단사곡毂壇射鵠이라 한다.

- 『담헌서』 외집外集

천안시 수신면 생가지 (사진 보완)

4. 사설천문대 '농수각'

지금은 그 흔적도 찾을 길이 없지만, 홍대용은 천문 기기들을 자기 집 안의 연못 한가운데 건물을 세우고 그 안에 설치해 두었다. 그 완성한 기기들을 가져오고, 건물을 세운 것이 언제인지는 확실하지 않지만, 적어도 일부는 3년 안에 완성되었고, 그 후 중국을 방문한 1765년 말까지 계속해서 다른 기구들이 제작되었던 것으로 보인다. 이는 중국에서 만난 학자들에게 자랑스럽게 이에 대해 소개하는 모습으로도 알 수 있을 뿐 아니라, 중국 학자들에게 이 새 건조물에 대한 글을 부탁해 얻어오고 있기도 한 것으로 보아 그렇게 판단할 수 있다.

그의 집 남쪽 연못 한가운데에 세운 천문대를 홍대용은 '농수각籠水閣'이라 이름지었다. 중국의 이름난 시인 두보杜甫의 싯귀 가운데 한 구절을 따서 지은 것으로 "해와 달은 조롱 속의 새요, 하늘과

땅은 물 위의 부평초(日月籠中鳥 乾坤水上萍)"라는 부분에서 한 글자씩을
따서 붙인 이름이다.

농수각 연못의 크기가 얼마였는지는 정확히 알 수 없지만, 그
모양은 네모로 만들고 그 가운데에 둥글게 섬을 만들어 그 가운데
농수각을 지었다고 그는 설명하고 있다. 우주를 상징하는 천원지
방天圓地方 모양의 연못을 집 안에 만들고, 해와 달의 운동을 조롱 속
의 새처럼 확실하게 파악할 수 있는 천문학의 길에 눈을 떴다고 할
수 있을 것 같다. 그렇다고 홍대용이 그의 천문 기구들을 실제로 사
용해서 천문 관측을 시행한 것으로는 보이지 않는다. 그는 어디까
지나 우주의 원리를 이해하고 또 남에게 설명하는 도구로서 이런
기구들을 만들어 놓았던 것 같기 때문이다.

홍대용이 남긴 기록에 의하면 농수각에 설치했던 천문 기구들
로는 통천의統天儀, 혼상의渾象儀, 측관의測管儀, 구고의勾股儀, 후종候鐘
등이 있었던 것으로 보인다. 후종은 기계식 시계를 가리키는 것으
로 당시에 중국을 통해 국내에 제법 수입되어 알려지고 있던 서양
식의 기계장치를 사용한 시계로 흔히 자명종으로 알려졌던 것을
가리킨다. 그러나 정확히 어떤 정도로 새로운 장치가 첨가되었거
나 개량되었던지를 지금 알 길은 없다. 구고의란 삼각법을 이용하
여 측량하는 장치였고, 통천의와 측관의는 천문 관측 기구이며 혼
상의란 천체 운동을 보여주기 위해 만들어 놓은 전시용 천구의天球
儀라 할 수 있다.

아마 홍대용이 자기 집 안에 천문대를 만들고 여러 가지 천문

기구와 시계 등을 만들어 놓은 것도 바로 황윤석, 정철조 등과 사귀면서 더욱 자극을 받아 그랬을지 모른다. 친구 따라 강남 간다는 말처럼 좋은 친구는 언제나 좋은 일을 서로 격려하며 해낼 수 있는 힘을 주는 법이니 말이다.

요즘은 천체 망원경도 값이 그리 비싸지 않은 것으로 하늘을 관찰하며 즐길 수가 있다. 아마추어 천문가들이 들에 나가 밤을 새우며 하늘을 관찰하는 취미를 즐기는 경우가 많아지고 있다. 그렇지만 홍대용이 살던 시대는 아직 망원경을 구경하기조차 어려운 때였다. 사실 홍대용도 북경에 갔을 때 비로소 망원경을 처음으로 구경하고, 천주당의 선교사들에게 부탁해서 처음으로 태양을 관찰할 기회를 한 번 가진 것이 전부였다. 그렇지만 망원경이 손쉽게 구할 수 없다해서 천문 관측이 없었던 것은 물론 아니었다. 혼천의라는 기구를 비롯해서 여러가지 천체 관측 장치가 있었고, 또 천문 관측은 하지 않고라도 천문을 보여주는 기구를 만들어 책상 위에 놓아두는 선비들도 많았다. 우리가 잘 아는 유명한 학자 이황도 그런 장치를 만들어 간직하고 있었다.

하지만 그 시절에 자기 집 안에 아예 여러 가지 천문 장치와 함께 혼천시계까지 만들어 두어 자그마한 집안 천문대를 가지고 있던 학자는 홍대용밖에 없었을 것같다. 일찍부터 과거 공부보다는 과학기술에 관심을 가졌던 홍대용은 그의 아버지가 전라도 나주 목사로 나가자, 호남 여행을 갔다가 화순의 물염정이란 곳에서 아주 뛰어난 기술자 나경적을 만나게 된다. 중국에 가기 몇 년 전에 이미 농수각을 만들어 놓고 있었던 홍대용은 중국에서 만난 중국 학자들에게도 농수각 자랑을 마음껏 했고, 또 그의 친구들도 모두 농수각을 구경한 것으로 보인다. 사실 1760년대의 우리나라에서 천문 기구들을 그렇게 여럿 구경할 수 있는 길은 전혀 없었을 것이니까 말이다.

농수각 투시도(한국기술교육대학교 제공)

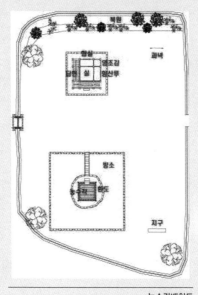

농수각배치도

5. 실옹과 허자의 오디세이, 의산문답

청나라 연행과 홍대용

　　조선후기 실학자 중에서 청나라 북경에 가장 먼저 간 인물이
담헌 홍대용(洪大容, 1731~83)이다. 홍대용이 1765년에 북경을 가게 된
것은 공식적인 업무로 간 것은 아니고, 서장관으로 북경 사행에 참
여한 작은아버지 홍억의 수행군관, 즉 자제군관子弟軍官이라는 이름
으로 참여한 것이다. 중국 사행단에서 사신의 임무를 띤 대표적인
관원은 삼사三使라 하여 정사正使·부사副使·서장관書狀官이 있었다. 이
들은 사신으로서의 공식 일정을 완수하느라 바쁠 뿐만 아니라 행
동에도 제약이 따랐다. 그러나 삼사의 친인척 중에서 주로 임명되
는 자제군관들은 특별한 임무가 없었던 관계로 상대적으로 자유로
웠다. 홍대용, 박지원, 박제가, 김정희 등이 자제군관 신분으로 북

경을 다녀오면서 많은 중국 지식인과 교류할 수 있었던 것도 그러한 이유였다.

　홍대용이 북경에서 60여 일간 머물면서 서양 선교사들을 찾아가 서양 문물을 구경하고 필담을 나눈 경험은 이후 자신의 사상을 살찌우는 산 경험이 되었다. 특히 홍대용의 과학사상이 고스란히 담겨져 있는 소설 『의산문답醫山問答』은 실제로 북경 방문길에 들른 의무려산醫巫閭山을 배경으로 하고 있다.

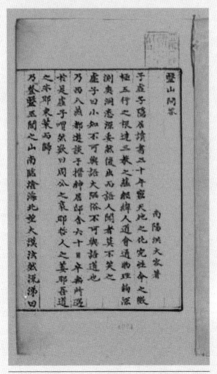

의산문답(고려대학교도서관 소장)

중국 북진시 의무려산 전경

중국에서 조선으로 돌아오는 길에 있는 의무려산은 아주 빼어난 경치로 유명해서 중국 사신 일행이 꼭 들리는 산이었고, 홍대용 역시 이 산을 관광하고 돌아왔다. 『의산문답』에서 홍대용은 의무려산에 사는 노인과 이 산을 찾아 간 조선의 젊은 학자 두 사람을 등장시켜, 가상의 대화를 통해 자신의 생각을 밝히고 있다. 그 신령스런 산에 사는 노인 이름은 실옹, 조선의 선비는 허자라 이름 붙였다. '실옹實翁'은 세상 이치를 모두 터득한 속이 꽉 찬 노인이라는 뜻이며, '허자虛子'라 불리는 조선 선비는 30년 동안 글을 읽어 자신만만한 사람이었지만, 중국에 가서 견문을 넓히면서 스스로 자기의 공부가 잘못된 것이었다고 깨달은, 속에 든 것이 없는 사람을 뜻한다.

『의산문답』은 모든 사람이 진리라고 믿는 것을 풍자한 과학소설이라는 점에서 1623년 갈릴레이가 쓴 천동설과 지동설에 대한 오디세이, 즉『두 우주 체계에 관한 대화』에 비견되는 글이다.『의산문답』은 의무려산을 배경으로 세속적인 허례허식과 공리공담만을 일삼는 허자의 물음에 실학적인 인물인 실옹이 답하는 대화체의 글로, 30년간 성리학을 익힌 허자가 자신의 학문을 자랑하다가 의무려산에서 실옹을 만나 자신이 그동안 배운 학문이 헛된 것이었음을 풍자한 실로 놀라운 작품이다.

지구 자전과 무한우주

조선의 선비 허자가 의무려산에 숨어 사는 실옹을 찾아가 나누는 대화로 되어 있는『의산문답』에는 지구설과, 지구자전, 우주무한론 등 여러 가지 과학에 대한 홍대용의 사색이 들어 있다. 홍대용은 왜 의무려산에서 지전설과 우주무한론을 주장했을까? 북경 방문길에 들렀던 소설 속 배경인 의무려산은 화이華夷의 구분을 짓는 상징적인 공간이었다. 그가 의무려산에서 무한우주관을 제시한 것은 최종적으로 중국과 오랑캐, 즉 화와 이의 구분을 부정하는데 있었다. 북경 방문을 계기로 홍대용은 기존의 우주관에 회의를 품으며, 그를 유명하게 만든 중요한 이론인 지전설과 무한우주관을 제시하기에 이르렀다.

"우주의 본체라 할 수 있는 '태허太虛'는 본래 고요하고 텅 비었으며, 오직 기氣로만 가득 차 있을 뿐이다. 테허는 안도 없고 바깥도 없으며 시작도 없고 끝도 없다. 헤아릴 수 없이 광대하게 쌓인 기가 모여서 엉기어 형체를 이룬다. 이것이 우주 허공에 두루 퍼져서 돌기도 하고 자리 잡기도 하니 이것들이 땅과 달, 해와 별들이다. 무릇 땅이란 그 바탕이 물과 흙으로 이루어졌으며, 그 모양은 둥근데 허공에 떠서 쉬지 않고 돈다. 온갖 만물은 땅 표면에 붙어서 살 수 있다."

"지구는 회전하면서 하루에 일주한다. 땅 둘레는 9만 리이고 하루는 12시이다. 이 9만 리의 거리를 12시간에 달리기 때문에 그 움직임은 벼락보다 빠르고 포환보다 신속하다."

홍대용의 우주관은 사실 금성, 수성, 화성, 목성, 토성 등의 행성은 태양 둘레를 돌고 태양과 달은 지구의 둘레를 돈다는 덴마크의 천문학자 티코 브라헤Tycho Brahe의 우주 체계에다가 지전설만을 덧붙인 것이었다. 따라서 홍대용의 우주체계는 독창적인 것이 아니었다고도 볼 수 있다. 실제로도 그는 "지전설은 송나라 학자 장횡거가 그 원리를 조금 밝혀냈으며, 서양 사람도 배에 타고 있으면 배가 나아가는 것을 느끼지 못한다는 이론으로 추정해냈다."고 말하기도 했다. 하지만 그의 추론은 지전설에서 멈추지 않고 우주가 무한하다는 것으로 자신의 우주관을 완성해 냈다.

1636년 병자호란 이후 한 세기 이상이 지났지만, 조선 사회는 여전히 중화주의적 명분론에 사로잡혀 있었다. 청나라는 여전히 야만국이었고 명나라의 제도를 보존하고 있는 조선은 사라진 중화의 적통이었다. 홍대용의 북경 여행은 조선 유자들이 사로잡혀 있는 명분론이 비현실적인 것임을 깨우쳐 주는 계기가 되었다. 30년간 성리학 공부만 하던 허자가 세상에 나와 야심차게 내뱉은 말은 현실과 동떨어져 있었던 것이고 허자는 곧 홍대용 자신이었다.

실옹의 입을 빌려 홍대용은 무한우주론을 설파했다.

"우주의 뭇 별들은 각각 하나의 세계를 가지고 있고 끝없는 세계가 공계에 흩어져 있는데 오직 지구만이 중심에 있다는 것은 있을 수 없다."

무한우주론은 그 이전에는 찾아볼 수 없는 실로 대담하고도 독창적인 것이었다. 물론 중국 고대우주론에서 선야설이라 하여 무한의 공간을 상정한 적도 있었고, 북송의 철학자 장횡거(張橫渠, 1020~1077)가 이와 비슷한 이야기를 한 적이 있었다지만, 홍대용처럼 파격적인 주장을 펼쳤다고 할 정도는 아니었다.

"지구로 태양계의 중심이라 한다면 옳은 말이지만, 이것이 바로 여러 성계星界의 중심이라 한다면 이것이야말로 우물에 앉아 하늘 보는 소견이다."

"지구 세계를 저 우주에 비교한다면 미세한 먼저만큼도 안 되며 저 중국을 지구 세계와 비교한다면 십수분의 일밖에 되지 않는다."

홍대용의 우주관은 탈지구중심론이라는, 실로 대담하기 이를 데 없는 인식론적 대전환을 제기했다는 측면과 함께 과학적으로 상당한 평가를 받고 있기도 하지만, 폄하되는 면도 없지 않다. 결국 헤아릴 수 없는 별의 세계가 우주에 산재하고 있다는 홍대용의 우주관은 세계가 화(중국)와 이(오랑캐)로 구분되어 있다는 전통적인 중화사상을 비판하기 위한 것이 주요 목적이었다. 과학자로서의 평가는 차치하고서라도 그가 동양의 지성으로서 중국 중심의 세계관을 비판하고 새로운 문명지도를 그린 선각자였음은 부인하기 힘들다.

실옹과 허자의 지원설 문답

지원설은 천문학에 대한 이해 부족에 따른 거부감 외에도 유교적 윤리관과 상충되는 점도 있어서 유학자 간에는 이 설을 믿지 않으려는 경향이 팽배했다. 즉 천원지방이라는 종래의 우주론이 우주의 질서를 원과 방의 조화로 보는 전통 윤리와 결부되어 유가의 명맥으로 되어 있었던 탓으로 특히 유학자들 사이에서는 지원설을 믿지 않으려는 경향이 강했다. 『사씨남정기』의 저자로 유명한 서포 김만중은 이들을 향해 "우물 안 개구리의 식견"이라는 조소를 보낼 정도였다.

　그러나 홍대용은 『의산문답』을 통해서 "옛날의 들음에 집착하는 자와 더불어 도를 이야기할 수 없다. 도를 들으려거든 옛날 들음을 씻어버리고 이기려는 마음을 버리라."며 세상에 만연된 편견을 질타하기도 했다.

　다음은 『의산문답』 속 실옹과 허자가 나눈 지원설에 관한 문답이다.

허자　옛사람들은 천원지방이라 하여 '하늘은 둥글고 땅은 모났다'고 하였는데, 지금 선생께서 '땅의 모양이 둥글다'고 하시니 도대체 무슨 말씀입니까?

실옹　너의 아둔함이 매우 심해서 깨우쳐 주기가 어렵구나. 모든 만물의 모양이 모두 둥글고 모난 것이 없는데 하물며 땅이라고 다르겠느냐! 달이 해를 가려 일식이 일어나는데, 그 가리워진 모양이 반드시 둥근 것은 달의 모양이 둥글기 때문임을 알 수 있다. 땅이 해를 가려 월식이 일어나는데, 가려진 모양이 또한 둥근 것은 땅의 모양이 둥글기 때문이다. 그러니 월식은 땅의 거울이다. 월식을 보고도 땅이 둥글다는 것을 모른다면 거울에 비친 자기 얼굴을 알아보지 못한 것과 같은 것이니, 어찌 어리석지 아니한가?

옛날 증자라는 분이 말하기를 '하늘은 둥글고 땅이 네모나면 네 귀퉁이가 서로 가려주지 못할 것이다'라고 하였는데, 이것은 근거가 있는 말이었다. 하늘이 둥글고 땅은 모났다는 것을 어떤 사람은 천지의 모양이 아니라 땅의 품성을 말한 것이라고도 하였다. 물론 옛사람이 전하여 기록한 말을 믿는 것 또한 중요하겠지만, 현재 눈으로 직접 보고 실증한 것만 하겠느냐? 진실로 땅이 모가 났다면 네 귀퉁이, 여덟 모서리, 육면이 모두 고르게 평면이고 가장자리 끝은 마치 장벽처럼 깎은 낭떠러지일 것이다. 그대는 참으로 그렇게 보이느냐?

허자 예, 그렇게 봅니다.

실옹 그렇다면 강물과 바닷물은 물론이고, 사람과 만물의 모든 종류가 한 면에만 모여 살고 있느냐? 아니면 육면에 퍼져서 살고 있느냐?

허자 윗면에만 모두 모여 살고 있습니다. 왜냐하면 옆면에서는 옆으로 살 수 없고 아래 면에서는 거꾸로 살 수 없기 때문입니다.

실옹 그렇다면 옆으로 살 수가 없거나 거꾸로 살 수 없다는 것은 아래로 떨어지기 때문이 아니냐?

허자 그렇습니다.

실옹 그렇다면, 사람과 미세한 만물도 항상 아래로 떨어지는데, 어찌하여 무거운 땅덩이는 아래로 떨어지지 않는 것이냐?

허자 그것은 땅덩이가 허공의 기氣에 실려 있기 때문입니다.

실옹 군자는 도를 논하다가 이치가 딸리면 곧바로 승복하지만, 소인은 도를 논하다가 말이 딸리거나 하면 없는 말을 꾸며댄다. 물 위에 떠 있는 배가 비어 있으면 뜨고, 배가 꽉 차면 가라앉게 된다. 그런 이치로 본다면, 이른바 '기'라는 것은 본래 힘이 없는 것인데, 어찌하여 큰 땅덩이를 실을 수 있다는 말이냐? 땅이 아래로 떨어지지 않고 떠 있는 것은 스스로 그러한 힘이 있어서 그런 것이지 하늘에 매달린 것이 아니다. 그런데 소요부는 이러한 이치까지 알지 못했으면서 마치 확신이 있는 듯 자신 있게 말하여 한세상을 속였으니, 이는 그가 스스로를 기만한 것이다.

허자   저의 잘못된 말이 감히 죄인지를 알지 못했습니다. 그렇
지만, 새의 깃털이나 짐승의 털처럼 가벼운 것도 모두 아
래로 떨어지는데 무거운 큰 땅덩이가 지금껏 떨어지지 않
음은 무슨 까닭인지 여전히 모르겠습니다.?

실옹   낡은 지식에 집착하는 자와는 함께 도를 이야기할 수 없
고, 남을 이기려는 마음이 버릇이 된 자와는 함께 논쟁할
수 없구나. 그대가 진정으로 도를 듣고자 한다면 낡은 지
식을 씻어버리고 이기려는 마음도 떨쳐버려야 할 것이다.
그대가 마음을 비우고 말을 신중하게 하면 내가 어찌 숨
기는 것이 있겠느냐? 저 크고 넓은 태허에는 천지사방의
구분도 없는데 어찌 위와 아래 상하의 형세가 있겠느냐?
이번에는 그대가 한번 대답해 보아라. 그대의 발은 땅으
로 떨어지는데 그대의 머리는 하늘로 떨어지지 않는 까닭
은 왜인가?

허자   그것은 위와 아래 상하의 형세가 그렇게 되어 있기 때문
입니다.

실옹   그렇다. 그럼 내가 그대에게 또 묻겠다. 그대의 가슴이 남
쪽으로 떨어지지 않고 그대의 등이 북쪽으로 떨어지지 않
으며, 왼쪽 어깨는 동쪽으로 떨어지지 않고 오른쪽 어깨

는 서쪽으로 떨어지지 않는 것은 어째서이냐?

허자 이는 남북의 형세가 없고, 동서의 형세 또한 없기 때문입니다.

실옹 (웃으며) 똑똑하구나. 이제야 너와 더불어 도를 이야기할 수 있겠다. 지금 땅과 해와 달과 별에 상하가 없는 것은 그대의 몸에 동서와 남북이 없는 것과 같은 것이다.

그런데 사람들은 땅이 아래로 떨어지지 않는 것은 이상하게 생각하면서 오로지 저 해와 달과 별이 떨어지지 않는 것은 전혀 이상하게 생각하지 않는 것은 어째서인가?

해와 달과 별은 하늘로 오르는 것 같지만 오르는 것이 아니며, 땅으로 떨어지는 것 같지만 떨어지는 것이 아니라 허공에 매달려 오래 머물러 있을 뿐이다. 하늘(태허)이 상하가 없는 것은 그 자취로 보아도 금방 드러나는 것인데 세상 사람들은 통념에 사로잡혀 있어 그 까닭을 찾아보려 하지 않는다. 진실로 그러한 근원을 찾아보면 땅이 떨어지지 않는 것은 의심할 여지가 없다.

끝으로 홍대용은 다음과 같은 말로 지원설을 일단락지었다.

세상 사람들이 낡은 옛 상식에 안주하여 더 이상 공부하고 않고 습관처럼 이치가 눈앞에 있는데도 일찍이 연구하여 찾아보지 않았다. 때문에, 평생을 '하늘을 이고 땅을 밟고' 있건만 그 실정과 현상에는 캄캄하다. 오직 서양에서만 지혜와 기술이 정밀하고 상세해서 측량술이 모두 해박하고 상세하게 갖추어졌다. 이로 볼 때 땅이 둥글다고 하는 '지구설'은 다시 의심할 여지가 없다.

지원설은 유학의 자연관과 상충되는 점으로 인해 수용 과정에서 난항을 거듭했지만, 홍대용을 비롯한 여러 실학자의 지지를 얻어내고, 18세기 이후 『문헌비고』의 공식적인 인정을 받은 후로는 의심할 바 없는 땅의 형체론으로 인정받게 되었다. 그런데 지원설은 단순히 땅의 형체론만 변화시킨 것이 아니었다. 지원설은 세계의 중심이 어느 한 곳에만 정해진 것이 아니라는 사실을 깨닫게 해주는 우주관이었던 것이다. 따라서 지원설의 수용은 곧바로 중국이 세계의 중심이라는 화이론적 세계관의 변화를 의미했다. 예컨대 담헌 홍대용이 "이 지구 세계를 태허에 비교한다면 미세한 티끌만큼도 안 되며, 저 중국을 지구 세계와 비교한다면 십수분의 일밖에 되지 않는다."고 하여 중국 중심의 세계관을 비판했던 것도 이러한 천문관의 변화와 무관하지 않았던 것이다.

이와 같이 서양천문학의 영향으로 전래된 지원설은 고대 우주론 논쟁 이후 방형으로 굳혀졌던 땅의 실체를 드러내 주었다. 또한 지원설이 촉발한 땅의 형체에 대한 관심과 그에 대한 정확한 인식은 나아가 중국 중심의 세계관에서 벗어날 수 있게 했으며 조선시대 사람들이 알지 못했던 서양 각국과 아시아 여러 나라에 대한 지식을 급속히 확장하는 데 적잖이 공헌했다.

땅은 둥글다

'하늘은 둥글고 땅은 네모지다'는 천원지방의 소박한 우주론은, 주대 이래 하늘은 북극을 중심으로 회전하고, 태양은 계절에 따라 각각 다른 반경으로 원운동을 하며 하지에는 그 반경이 가장 작아졌다가 이를 전후해 다시 점차 커져 동지에는 반원 운동의 반경이 가장 커진다는 우주론을 바탕으로 유교 논리와 결부되어 큰 변경 없이 오랫동안 믿어졌다.

눈으로 확인할 수 없는 천지의 형태에 대하여 하늘은 원형이고 땅은 방형이라고 이해한 천원지방론이지만, 사실상 방형이라고 규정된 땅의 형태는 모호하기 그지없는 것이었다. 예컨대 장형이 쓴 『영헌靈憲』에는 "땅은 움직이지 않고 평평하다." 하여 땅의 형태를 평면으로 상정하고 있는 반면, 『진서』 「천문지」는 "하늘은 마치 계란 같고 땅은 그 안의 노른자 같다." 하여 땅의 형태가 구형임을 암시하고 있기도 하다. 그런데 땅의 형체가 방형이라는 것은 엄밀히 말하면, 꼭 사방만을 의미하는 것은 아닐 수도 있다. 방형이라는 것을 포괄적인 의미로 묶어둔다면, 육방이 될 수도, 팔방이 될 수도 있는 것이다. 이처럼 형체에 대한 명확한 암시 없이 땅은 그저 방형이라는 막연한 인식이 자리하고 있었는데, 서양 천문학의 지원설이 들어오면서 땅의 형체론이 구체적으로 논의되기 시작했다.

방형이라는, 전통적인 동양의 땅의 형태가 구형으로 확실하게 변화하게 된 것은 마테오 리치의 영향이 가장 컸다. 그는 방형이라는 것은 실제 형체를 말하는 것이 아니라 "조용하여 옮겨 다니지 않는 성질을 말하는 것"이라 전제하고 "땅과 바다는 본래 원형으로 이 둘이 합해 일구一球를 이루며 일구는 천구의 한가운데 있다."고 주장하여 땅의 구형을 입증하고자 했다. 이러한 지원설은 마테오 리치의 저작인 『건곤체의乾坤體儀』의 「천지혼의설天地渾儀說」에 실려 있는데 이 책은 일찍이 이익의 『성호사설』에도 소개된 한역서학서로서 천지혼의설과 지구 및 각 중천 간의 거리 그리고 태양 및 지구, 달의 크기를 비교 측정하는 내용이 담겨져 있다.

12중천설이 주자의 구천설을 바탕으로 이해되고, 자전설이 사유설이라는 종래의 지구운동설을 바탕으로 이해된 것에 비하면, 지원설은 쉽게 납득되기 힘든 점이 있다. 개천설과 혼천설이 모두 천원지방이라는 기존의 우주형체론을 바탕으로 했고, 이후 등장한 성리학의 우주론도 땅의 형태가 방형이라는 데에 별다른 의문을 갖지 않았기 때문이다. 더욱이 서양의 지원설이 이해되기 힘든 면은 구형인 지구 아래와 좌우에도 사람이 산다는 사실에 있었다.

조선 후기의 최석정崔錫鼎처럼 천문에 조예가 깊은 지식인조차 서양 역법의 정밀을 인정하면서도 땅의 구형설만은 "그 설이 참으로 황당하다."라고 지적할 만큼 이해될 수 없는 것이었다. 게다가 서양천문학에 대한 지식이 상당했던 실학자 이규경李圭景마저도 "서양천문학의 내용 중에 가장 놀라운 것이 지원설이었다."라고 고백할 정도였으니 당시 지원설에 대한 조선 유학자들의 충격이 얼마나 컸었는가를 짐작할 수 있다.

홍대용의 평등사상 "인물균"

종래 성리학에서는 자연 만물보다 인간의 우월성을 강조해왔다. 반면 홍대용은 『의산문답』에서 인간우월적 사고를 비판하고 사람과 만물이 똑같다는 평등주의를 강조하였다. 『의산문답』에서 실옹은 허자에게 너의 몸이 만물과 다르다고 주장하는 근거가 무엇인지 묻는다. 허자는 인간의 둥근 머리는 하늘을 상징하고, 각지고 모난 발은 땅을 상징한다고 하여 천원지방적 우주관을 바탕으로 사람의 몸은 '소천지小天地'라는 주장을 폈다. 이어서 허자는 생명체 중에 오직 사람이 귀하다고 주장하며 그 근거로 다음과 같이 말했다.

"하늘과 땅 사이에 살아 있는 생명체 중에 오직 사람이 제일 귀하다. 지금 저 짐승이나 초목은 지혜도 감각도 없으며, 예의도 의리도 없다. 사람이 짐승보다 귀하고, 초목은 짐승보다 천한 것이다."

허자는 짐승이나 초목은 지혜도 감각도 없고 예의도 의리도 없다고 말한다. 인간이 만물보다 우수하다는 근거로 다른 자연 만물에는 없는 지혜와 도덕성을 강조한다. 이러한 주장은 인간만이 이성이나 영혼 또는 도덕성을 가지고 가치 있는 존재라는 결론으로 이어진다. 이러한 허자의 답변에 대해 실옹은 너의 말대로라면 사람이 만물과 다른 차이점은 없는 것이 아니냐고 반문한다. 다시 말해 털과 피부 같은 재질과 정액과 혈액의 교감은 초목이나 사람이나 다를 바가 없는데 사람이 짐승과 다를 것이 있겠는가 하는 것이 실옹의 주장이다.

홍대용은 실옹의 입을 빌어 『의산문답』에서 사람과 만물의 구분을 귀함과 천함이라는 차등과 차별로 보지 않고 다양성으로 보고자 하였다. 반면에 허자는 지혜와 예의를 인간만의 고유한 속성으로 규정한다. 그는 동물과 식물은 이러한 속성이 없다고 단언하며, 때문에 이 지상에서 인간이 제일 귀하고 짐승이 그 다음이며 초목은 가장 천하다는 주장을 반복한다. 이 점에 대해 실옹은 인간의 그릇된 편견에서 비롯된 것이라 비판한다.

"오륜五倫과 오사五事는 사람의 예의이고, 떼를 지어 다니면서 서로 불러 먹이는 것은 짐승의 예의이며, 여러 줄기가 하나로 뭉쳐져서 가지별로 잎이 무성한 것은 초목의 예의다. 따라서 사람의 기준으로 만물을 보면 사람이 귀하고 만물이 천하며, 만물의 기준에서 사람을 보면 만물이 귀하고 사람이 천하다. 그런 이치로 하늘에서 바라보면 사람과 만물은 균등하다."

예의라는 것도 인간만 예의가 있는 것이 아니라 짐승도 예의가 있고 초목도 예의가 있다. 다만 인간이 우월의식에 사로잡혀 자연 만물의 예의를 예의로 보지 않을 뿐이다. 자연 만물 또한 자신의 유리한 점을 가지고 귀천의 평가를 삼을 수 있다. 인간이 지혜나 예의가 뛰어나다면, 동물은 동물대로, 식물은 식물대로 각자 인간보다 뛰어난 능력이 있다. 만물의 관점에서 보면 만물이 귀하고 인간이 천하게 된다. 선입견과 편견을 넘어서 보편적이고 근원적인 차원에서 바라보면 인간이나 자연 만물은 모두 평등할 수 있다는 것이 홍대용의 생각이다.

홍대용의 문명비판

홍대용은 인간과 자연 만물에 대한 평등적 관념을 바탕으로 인간과 자연 만물의 조화와 공존을 지향하여 인간중심주의의 폐단을 극복하고자 했다. 그에게 땅은 활물이며 사람의 몸과 같은 것이며 단지 몸에 해당하는 땅덩이가 크고 무거워 사람처럼 뛰고 움직이지 못할 뿐이다.

"땅이란 살아 있는 물체로 맥락과 영위가 실상 사람의 몸과 같다.

다만 그 형체가 크고 무거워 사람처럼 뛰고 움직이지 못할 뿐이다. 이 때문에 조그만 변화가 일어나도 사람들이 반드시 괴이하게 여겨, 재앙이니 상서로운 징조이니 하며 함부로 추측해버린다. 그 실상은 물과 불, 바람의 기운이 운행하고 흘러가면서 막히면 지진이 일어나고, 거세지면 땅을 밀어 위치를 옮기기도 하니, 그 형세가 그러한 것이다."

홍대용은 지구를 살아 숨쉬고 움직이는 하나의 유기체적 존재로 바라보고자 했다. 지구 위에 거주하는 인간은 밟고 있는 땅은 물론이고 자연 만물과 유기적 관련을 맺고 있는 존재이다. 실옹의 입을 빌어 홍대용은 '땅이란 우주 안의 살아 있는 물체'라고 주장한다. 흙은 가죽과 살이고 물은 정액과 혈액이며, 비와 이슬은 눈물과 땀이고, 바람과 불은 혼백과 혈기라는 것이다. 이 때문에 물과 흙은 안에서 빚어내고 햇빛은 밖에서 쪼이므로 원기가 모여들어 만물을 낳고 기르게 된다. 홍대용은 초목은 땅의 머리털이며 사람과 짐승은 땅의 벼룩과 이 같은 존재로 보았다.

홍대용은 중고시대 이후 땅의 기운이 쇠퇴해지기 시작했다고 주장한다. 사람과 만물이 점점 불순하고 혼탁해져 남녀가 서로 모이면 이내 정욕을 일어나 정을 통해 아이를 배게 되니 처음으로 형화形化가 생겼다고 보았다. 형화가 있게 되니 사람과 만물이 점점 번성하면서 땅의 기는 더욱 줄어들어 마침내 기화가 끊어졌다. 기화가 끊어지니 사람과 만물이 생겨남에 오로지 정액과 혈액만을 받고 태어나 더러운 것들만 점점 늘어나고 맑고 밝은 것은 점점 사라지게 되니 이것이 천지의 불운이요, 화란의 시초라 주장한다.

인간은 바야흐로 풀을 씹고 물을 마시는 것이 부족하다 하여 함부로 사냥하고 고기잡이를 하고 이 때문에 세상은 새와 짐승, 물고기가 타고난 수명을 다하지 못하고 제대로 살 수 없는 곳이 되었다. 둥지와 움집이 누추하다 하여 화려하게 집을 지으니 초목과 쇠, 돌이 그 형체를 보전할 수 없게 되기 시작한 것이다.

홍대용은 상고시대와 중고시대를 비교하면서 인간이 이룩한 문명에 대해 비판적인 입장을 견지하였다. 즉, 기화氣化만 있던 상고시대에서 형화의 중고시대로 오면서 인간의 문명이 지구를 점점 쇠퇴하게 만들었고 궁극적으로 인간은 소멸될 수도 있는 재앙의 시대를 맞게 된다고 진단한다. 더 이상 인간과 자연 만물은 조화와 공생 관계가 아니다. 자연 만물은 인간의 욕망을 충족시키기 위한 하나의 도구일 뿐이다. 식물과 물만으로 만족하지 못한 인간은 사냥과 고기잡이를 하고 더 이상 물고기나 짐승은 자신의 수명을 다하지 못하게 되었다. 인간의 이기적인 욕망은 원시적 인간사회의 평등한 인간관계를 해치고 결국 위계질서의 사회를 만들었다. 강한 자가 약한 자를 지배하면서 강자는 약자의 소유물을 빼앗아 간다. 이웃 나라와의 관계 또한 조화와 공생의 관계가 아니라 갈등과 경쟁의 관계로 전화된다.

이러한 혼란의 시대를 어떻게 해결할 것인가? 홍대용은 힘 있는 자들이 자신을 낮추어서 약한 자를 보살피고 베풀어주어야 한다고 주장한다. 이러한 배려와 돌봄의 덕목은 인간에만 국한되지 않는데 자연 만물까지 그 대상을 넓혀 인간의 관점이 아닌, 그렇다고 만물의 관점도 아닌 하늘의 관점에서 바라봐야 한다는 것이 홍대용의 생각이다.

역외춘추

『의산문답』에 실려있는 홍대용의 사상 가운데 주목해야 할 것은 '역외춘추론'이다. 역외춘추론은 당시 국가 사이 또는 민족 사이의 불평등을 바탕으로 하는 화이관華夷觀에 대한 비판이다. 조선은 중화를 높이고 중화 이외의 다른 민족을 오랑캐라 칭하는 화이관을 지지하였다. 조선은 한족인 명나라 대신 여진족이 세운 청에 대해 못마땅한 입장이었다. 숭명배청은 병자호란 이후 조선의 지배적인 대외관이었다. 이에 대해 홍대용은 실옹의 입을 빌어 다음과 같이 말한다.

"하늘이 낳고 땅이 기른 것으로 무릇 혈기가 있는 것은 다 같은 사람이다. 무리 중에서 특출나게 뛰어나 일정한 지역을 다스리는 자는 모두 군왕이며, 문을 겹겹이 만들고 성 바깥에 해자를 깊이 파서 영토를 굳게 지키는 것은 나라마다 다 같은 것이다. 은나라의 머리에 쓰는 관인 장보章甫나 주나라의 갓인 위모委貌나, 오랑캐가 몸에 그림을 그리는 문신이나, 남만에서 이마에 그림을 그리는 조제雕題는 모두 습속이라는 점에서는 다 같은 것이다. 그러니 하늘에서 바라보면 어찌 안과 밖의 구별이 있겠느냐? 그러므로 각자가 자기 나라 사람끼리 서로 사랑하고 자기 임금을 높이며, 자기 나라를 지키고 자기 풍속을 좋게 여기는 것은 중화나 오랑캐나 마찬가지다."

홍대용은 중국이라 하여 그 나라의 백성이나 임금, 풍속이 더 귀하고 오랑캐라고 하여 그 나라 백성이나 임금, 풍속이 천한 것이 아니라고 말한다. 모두가 평등하다는 것이다. 이는 귀천의 문제가 아닌 문화의 다양성이다. 『의산문답』에서 홍대용은 공자가 『춘추』를 지어 내외를 구분한 것은 단지 공자가 주나라 사람이기 때문에 주나라를 기준으로 내외를 구분했을 뿐이라고 말한다.

"만일 공자가 뗏목을 타고 바다를 떠다니다 오랑캐족이 사는 구이九夷에 들어가 살았다면 중국의 법으로 오랑캐의 풍속을 변화시키고 주나라 도를 국외에서 일으켰을 것이다. 따라서 안과 밖이라는 구분과, 따르고 물러나는 존왕양이의 의리도 마땅히 역외춘추域外春秋에 자연히 있었을 것이다. 이것이 공자를 성인聖人이라 하는 까닭이다."

공자가 주나라에 살았기 때문에 주나라 중심의 역사서인 『춘추』를 지은 것이지 오랑캐의 땅에 살았다면 오랑캐 중심의 역사서를 지었다는 것이다. 홍대용은 우주적 관점에서 평등과 공생을 강조하고 있다. 너와 내가 다른 존재가 아니며 갈등과 대립에서 벗어나 평등과 공생의 의식으로 세상을 바라보자고 말한다. 이처럼 생태학적 평등주의에 입각한 『의산문답』은 국가 간 갈등과 기후 위기에 직면한 현대 사회에 여전히 시사하는 바가 크다.

6. 정조와 홍대용의 학문 토론기, 계방일기

계방일기는 어떤 글인가?

『계방일기』는 담헌 홍대용이 그의 나이 44세에 추천에 의하여 세손(후일의 정조)을 호위하는 벼슬인 세자익위사의 시직으로 근무했던 때의 일기이다. 일기는 1774년 음력 12월 1일부터 이듬해 8월 26일까지 약 9개월간의 내용이 실려있다. 『계방일기』는 대개의 일기가 그렇듯 하루를 단위로 하여 날짜순으로 기록되어 있다. 내용은 동궁東宮 시절의 정조에게 경사經史를 강의하고 문답한 말들이다.

홍대용은 1774년(영조 50)에 세자익위사 종8품직인 시직에 임명되었다. 『계방일기』에 보듯이 세손의 서연에 참여하여 세자시강원 즉 춘방 관리들과 함께 문의를 진달하는 역할을 담당하였다. 『계방일기』는 관청의 공식 기록이 아닌 홍대용 개인의 기록이다. 그 때문에 홍대용의 주관에 따라서 취사 선택되어 기록되었다. 그렇다고 해서 자신의 주관만이 반영된 글은 아니다. 서연에서 나눈 대화를 사실 그대로 실어 당시의 상황을 생생하게 진달하고 있다. 『계방일기』의 하루 기록은 당일 서연의 상황을 개괄적으로 제시한 부분과 강론한 글에 대한 문의를 아뢰는 장면이 서론 격에 해당하고 나머지 내용 대부분은 정조와 홍대용을 비롯하여 참여한 신하들 간에 토론한 내용으로 구성되어 있다.

『계방일기』를 보면, 홍대용을 비롯한 교수자들이 서연을 주도한 것이 아니라는 것을 쉽게 알 수 있다. 주도자는 바로 세손인 정조이다. 이는 왕위계승자의 교육이라는 특수함 때문이지만, 어린 세손이 아닌 이미 20대 중반으로 장성한 세손이어서 학문적 식견이 상당히 높았기 때문에 가능한 일이기도 했다.

홍대용의 경우 춘방이 아닌 계방의 관리였으므로 주로 문의를 진달하는 역할을 충실히 하고 있다. 이 가운데서도 기본적인 강의 규칙을 따르면서도 기회가 되면 자신의 교육관을 적용하려고 노력하고 있음이 발견된다. 특히 홍대용이 『주서절요』와 『성학집요』에 대한 문의를 논하며 세손에게 강조한 것은 유학적 소양과 정치적 역량을 함양하는 것에 대한 것이었다.

『계방일기』를 보면 홍대용은 계방의 관리에 불과했음에도 불구하고 세손에게는 엄격한 스승이자 학자적 모습을 취하고 있음을 발견하게 된다. 예를 들어 세손이 독서를 철저히 하지 않을 경우 단호하게 잘못된 것임을 지적하거나 복습을 열심히 하는 등 잘한 일이 있을 때는 칭찬을 아끼지 않는 장면이 있다. 특히 중요하다고 생각되는 점은 세손에게 한 번에 그치지 않고 여러 날에 걸쳐 반복적으로 언급하여 중요성을 강조하기도 했다.

홍대용은 학문의 실천성을 중요하게 여긴 인물이다. 그런 측면에서 세손에게도 아는 것은 반드시 실천되어야 한다고 이야기하였다. 실천을 잘하기 위해서는 먼저 경전 연구를 철저히 해야 한다고 했고 경전을 읽고 공부하는 방법에 관해서도 언급하였다. 또한 그는 다른 서연관과는 달리 북경을 다녀온 인물이며, 조선 사회의 문제점을 잘 인식하고 있던 학자이기도 했다. 북경을 가 보지 못한 세손 입장에서는 홍대용의 북경 방문이 상당히 인상적으로 작용하였다.

『계방일기』곳곳에는 세손이 훗날 훌륭한 임금이 되기를 바라는 마음에서 홍대용이 소신껏 자신의 생각을 세손에게 아뢰는 장면이 자주 나온다. 세손 역시 영조를 모시는 바쁜 와중에도 서연에 성실하고 열정적으로 임하였다. 또한 세손은 자신의 생각을 직접적으로 드러내며 홍대용과 열띤 학문적 토론을 벌이기도 하였는데 이는 예비 국왕으로서 한층 성장하는 계기가 되었던 것으로 보인다.

계방의 기능과 성격

다소 생소할 수 있는 '계방桂坊'이라는 말은 세자익위사의 별칭이다. 세자익위사는 원래 왕세자를 호위하는 임무를 맡았다. 그 때문에 주로 무신이 임명되었다. 그러다가 왕세자를 수행하는 계방의 관리들도 학문적 소양이 필요하다고 판단하여 점차 문신을 임명하는 경우가 많아지기 시작했다. 나아가 이들은 서연에서 강론까지 하게 되는 경우가 있었다. 홍대용이 바로 이런 사례에 해당한다. 홍대용이 참여한 계방이라 불린 세자익위사와 달리 교육을 담당한 세자시강원은 '춘방春坊'이라 불렀다.

세자익위사는 교육 전담 기구인 세자시강원보다 낮은 품계의 관직들로 구성되었다. 세자익위사의 관리들은 병조에 소속되어 서연 등의 각종 행사에서 왕세자를 수행하였고, 왕세자가 행차하는 곳이면 어디든지 동행하였다. 또한 호위하는 임무 외에 말타기, 활쏘기와 같은 무예를 왕세자에게 가르치기도 하였다. 따라서 세자익위사에는 무예에 능한 무신들이 주로 임명되었다.

세자익위사들은 왕세자를 항상 수행하였으므로 이들도 학문적 소양이 필요하다고 판단하여 조선 후기에는 문신이 세자익위사 관리로 임명되는 경우가 많아졌다. 영조 대 남유용과 계방일기를 남긴 홍대용과 안정복 역시 문신으로서 세자익위사 관리로 임명된 경우다.

『계방일기』에서 홍대용을 가리켜 "유교 경전에 공부가 깊으며 과거 공부만 하는 선비는 아닌 줄 안다."라고 언급하거나 "글도 잘하고 박식하여 고문으로 갖추어 둘 만하다"라고 평가한 것을 보면 깊은 학식으로 계방의 관리로 선발되었음을 알 수 있다. 이러한 평가에 대해 세손 또한 "내가 본래 사람 보는 눈이 없어 뭐라 말하기는 그러나 몇 번 보면서 충분히 그럴만한 인물인 줄 알고 있었다."라고 하며 홍대용의 학식을 인정하였다.

다만 세자익위사 관리의 본래 임무가 왕세자를 호위하는 것이었으므로 홍대용이 서연에 참석하였지만, 주도적인 역할을 담당한 것은 아니었다. 강의를 전담하는 것은 비교적 품계가 높은 세자시강원 관리들의 본 임무였으므로 이들을 제치고 강의를 주도하는 일은 불가능하였다.

서연에서 세자익위사 관리들은 세자시강원 관리들을 보조하는 역할을 맡았다. 서연에서 신수음을 읽고 해석하는 일은 세자시강원 관리들의 몫이었고, 세자익위사 관리는 문의를 진달하는 일에 더욱 치중하였다. 문의를 진달할 때 그 순서는 세자시강원 관리들의 다음 순서였다. 세자익위사 관리들은 비교적 강론의 직무가 가벼웠기 때문에 서연 도중에 필요한 심부름을 하는 경우도 있었다. 『계방일기』에도 홍대용이 세손의 명으로 4번이나 심부름을 하는 장면이 등장한다.

조선 후기에는 강의 교재로 『성학십도』나 『성학집요』와 같은 저술도 많이 사용되었다. 강의 방식은 기본적으로 배강背講 혹은 배송背誦이라 하여 책을 덮고 외우는 방식을 사용하였다. 경서는 전부

암기하고 해석할 때는 책을 보면서 그 뜻을 풀이해나가는 방식을 활용하였다. 일단 강의가 시작되면 왕세자는 이전에 배운 내용을 점검받은 후 새로 배울 내용을 시강관을 따라서 읽고 해석하였다. 그런 다음 왕세자가 의문점을 질문하면 시강관은 이에 답을 해 주었다. 이때 강관들은 상세한 해석이나 의미, 생각해 볼 점 등을 아뢰면서 왕세자와 학문적 토론을 벌이기도 하였다. 토론이 끝나고 나면 왕세자는 새로 배운 내용을 다시 한번 읽고 해석함으로써 강의를 마무리하였다.

강의에 참석하는 인원을 살펴보면 정규 강의인 법강에는 빈객 1명, 당번을 맡은 세자시강원 관리 상·하번 각 1명, 세자익위사 관리 1명이 참여하였다. 비정규 강의인 소대와 야대의 경우 세자시강원 관리 상·하번 각 1명과 세자익위사 관리 1명만이 참석하여 강의를 진행하였다.

조선 왕실이 왕위계승자 교육에서 가장 중요하게 여겼던 것은 좋은 왕세자나 왕세손의 주변에 학식이 높은 스승을 두는 것이었다. 이것은 왕세자나 왕세손이 유학자로서 높은 권위를 인정받기 위한 일이었다. 아울러 왕세자가 방종해지는 것을 막기 위해 나름대로 통제를 한 것이기도 했다. 따라서 세자시강원을 비롯하여 왕세손·왕세자와 관련된 모든 관리와 궁인들을 임명할 때는 매우 엄격한 기준을 적용하였다.

계방일기의 내용과 특징

홍대용이 학문의 실천과 지식을 완전하게 하는 것만큼 중요하게 여긴 것은 바로 심성의 수양이었다. 그는 특히 마음을 잘 다스려야 학문을 하고 나라를 통치함에도 이치에 맞고 정밀해질 수 있다고 생각하여 마음공부, 즉 심성의 수양을 충실히 할 것을 여러 번 강조하였다. 나아가 임금으로서 간언을 절실히 받아들이는 자세를 가져야 함도 언급하였다.

『계방일기』에서 세손은 홍대용을 비롯한 강관들에게 아주 많은 질문을 던졌다. 그중에는 세손 자신이 모르는 내용을 질문한 것도 있었지만 "계방은 어떻게 생각하는가?"와 같이 의견을 물어보는 일도 상당히 많다. 이는 세손이 시간이 흐르면서 홍대용의 학문적 깊이를 목도하면서 깊은 신뢰감을 가지면서 나온 질문들이었다.

홍대용이 처음 강의에 참석하던 날 세손은 『중용』 서문에 '형기지사形氣之私'와 '인욕지사人慾之私'의 '사私'가 서로 뜻이 같은지 다른지, '솔성지위도率性之謂道'의 '솔率'이 무슨 뜻인지, '문정공 호안국이 정호와 정이 두 선생의 문집을 개정한 것을 어떻게 생각하는지' 등 까다로운 질문을 계속하였다. 말하자면 일종의 테스트였다.

홍대용은 세손과의 토론을 통해 자신의 견해를 직접적으로 제시함으로써 자신의 역할을 충실히 하려 노력하였다. 『계방일기』에서 홍대용이 세손과 함께 나눈 토론의 주제를 살펴보면 역사, 정치,

철학과 같은 깊이 있는 주제부터 일상생활과 같은 비교적 가벼운 주제까지 아주 다양하였다. 이를 통해 당시 홍대용이 참석한 서연에서 다룬 교육 내용이 아주 다양하였음을 알 수 있다.

홍대용은 자신의 학문과 교육의 근본을 성리학에 두면서도 궁극적으로는 실학을 지향하였다. 그는 실심實心과 실사實事로써 날마다 실지實地를 실천하는 것이 학문의 진정한 모습이라고 하며 본래 유가의 학문이 실학이었다고 보았다.

『계방일기』에서 홍대용은 중봉 조헌과 토정 이지함을 가리켜 '진실한 마음으로 참된 학문을 하던 선비들'이라 격찬했다. 그러면서 다음과 같이 세손에게도 학문의 실천이 중요함을 강조하였다.

"그분들이 그러한 성취를 이룬 것은 모두 실심實心과 실학實學을 하였기 때문입니다. 그들이 진실로 실천은 하지 않고 빈말에만 힘썼다면 당시에 그런 일을 성취하지 못했을 것이고 후세에 그와 같은 이름을 남길 수 없었을 것이니 학문이라 할 수도 없을 것입니다."

실심과 실학을 강조한 홍대용은 당시 조선의 유학을 사장詞章과 훈고訓詁에만 매달리는 풍조가 만연하여 진정한 학문인 실학과는 거리가 멀다고 하며 비판적으로 바라보았다. "주자를 배우는 후학들은 먼저 격물치지부터 힘써 배우고 그다음에 함양과 실천 공부를 하여 지知와 행行 어느 한쪽으로 치우치지 않아야 비로소 주자의 본뜻을 잃지 않는 것입니다."라고 하여 학문을 현실적으로 적용하는 것을 매우 중요하게 생각했다.

왕위계승자에게 유교적 소양을 함양하는 것만큼 중요한 것은 바로 정치적 역량과 안목을 키우는 것이었다. 유교적 소양을 함양하는 것을 큰 틀에서 수기修己의 공부라고 본다면 정치적 역량을 강화하는 것은 치인治人의 공부라고 할 수 있다. 치인의 공부로 가장 중요하게 다루었던 것은 바로 역대 군주들의 통치를 살펴보는 일, 즉 중국과 조선의 역사를 공부하는 것이었다.

홍대용의『계방일기』를 살펴보면 서연에서 특히 중국 역사에 대해 자주 논하였음을 알 수 있다.『계방일기』에는 세손이 "송나라의 일은 우리 조선과 아주 비슷한데 계방은 어떻게 생각하는가?"라고 말하자, 홍대용이 "참으로 말씀하신 대로입니다. 저하께서 서로 비슷함을 아셨다면 그 흥망과 득실에 대해 반드시 경계로 삼을 만한 것이 많으실 것입니다."라고 대답한 내용이 나온다. 홍대용은 세손이 과거 왕조들의 흥망과 득실을 공부함으로써 장차 나라를 통치하는데 필요한 정치적 안목을 길러야 한다고 보고 그에 대한 조언을 아끼지 않았다. 세손이 미래의 국왕으로서 역사를 큰 흐름 속에서 파악하는 것이 중요하다고 본 것이다. 미시적으로 개별 역사 혹은 인물 평가에 얽매이지 않고 거시적으로 역사의 흥망성쇠를 통찰하여 교훈을 얻는 것이 훗날의 정치 현장에 반영할 수 있기 때문이었다. 이러한 홍대용의 생각은『계방일기』에서 송나라 신종과 왕안석의 정치에 대해 논한 부분을 통해 알 수 있다.

"중국 하, 은, 주 삼대 이후로 좋은 임금과 신하를 얻어 유학자로서 정권을 잡은 것이 그때처럼 좋은 적이 없었습니다. 그런데 신종은 사람 보는 눈은 밝지 못하면서 다스림을 구하는데 너무 급했으며, 왕안석은 엉성한 학문에 집요한 성격까지 더해져 한 시대의 창생蒼生을 그르쳤을 뿐만 아니라, 후세에 유학자들의 등용을 꺼리게 만들었으니 어찌 크게 한스럽지 않겠습니까?"

본래 세손과 홍대용은 왕안석을 나라를 그르친 인물로 보고, 그의 신법도 폐단이 많았다고 평가한 점에서는 의견이 같았다. 두 사람이 왕안석과 그의 신법을 무조건 비판한 것은 아니었다. 왕안석에 대한 세손의 입장은 다음과 같았다.

"원우시대 여러 현인이 왕안석의 신법을 모두 고친 것은 너무 과도한 것이었다. 왕안석이 너무 고집을 부리다가 나라를 그르쳤으니, 진실로 미워할 만하고 신법도 폐단이 많았다는 게 내 생각이네. 그러나 백성의 부역을 면제해주는 법이나 보갑제 같은 법은 주나라의 제도이고, 왕안석이 생각해 낸 것은 아니었다. 그런데도 왕안석이 만들었다 해서 그 제도까지 없애버리는 것은 지나친 것이었다. 이른바 사마광은 비록 재상으로서 업적은 있었으나 학술적인 면이 부족하여 일 처리에 착오가 많았고, 그가 지은 저서 또한 의리를 높이지 않아 잃어버린 부분이 많았다. 채경蔡京에 대해 알지도 못하면서 그가 닷새 만에 신법을 다 고친 것만을 통쾌하게 여겨 마침내 왕안석을 왕안석으로 바꾼 꼴이 되었으니, 어찌 잘못이 아니겠는가? 또 그는 밤이 되면 '중中'자를 생각했다 하나 이것 역시 매우 좁은 생각이었다. 함양涵養과 치지致知를 구하지 않고 오로지 '중'만 생각한다면, 자막子莫의 융통성 없는 '중'처럼 되지 않을지 어찌 알겠는가?"

세손이 "백성의 부역을 면제해주는 법이나 보갑제 같은 법은 주나라의 제도이고 왕안석이 생각해 낸 것은 아닌데 왕안석이 만들었다 해서 그 제도까지 없애버리는 것은 지나친 것이었다."라고 말한 것에 홍대용 역시 별도의 반론을 제기하지 않았다. 이는 홍대용도 신법이 무조건 나쁜 것은 아니라는 세손의 의견을 인정하였던 것으로 볼 수 있다. 세손은 또 신종이 정자를 등용하지 않은 것에 대해 다음과 같이 언급하였다.

"신종이 만약 정자를 등용했다면 삼대의 정치를 만회할 수 있었을 것이다. 다만 나라를 다스리는데 너무 조급하게 했고, 정자의 어짊을 몰라서 안 쓴 것은 아니었다. 아마 태종은 일 년 걸려 이룰 일을 한 달 안에 이루고자 한 욕심에 왕안석의 주장이 자신의 뜻에 맞았던 것이라 생각한다."

세손과 홍대용은 신종 대의 정치를 평가하는 데 있어 의견이 서로 상충했다. 세손은 신종이 너무 급하게 나라를 잘 다스릴 것을 궁리하다가 왕안석을 등용하게 된 것이지 사람을 보는 안목이 아예 없었던 것은 아니라고 하면서 신종을 일부 두둔하였다. 반면에 홍대용은 신종도 실정의 책임을 피할 수 없다고 보았다. 나아가 그는 후대에 유학자 등용을 경계하게 되어 송나라가 삼대의 이상 사회로 변모할 좋은 기회를 놓치게 되어버린 사실을 더 안타까워했다.

"중국 하, 은, 주 삼대 이후로 좋은 임금과 신하를 얻어 유학자로서 정권을 잡은 것이 그때처럼 좋은 적이 없었습니다. 그런데 신종은 사람 보는 눈은 밝지 못하면서 다스림을 구하는데 너무 급했으며, 왕안석은 엉성한 학문에 집요한 성격까지 더해져 한 시대의 창생蒼生을 그르쳤을 뿐만 아니라, 후세에 유학자들의 등용을 꺼리게 했으니 어찌 크게 한스럽지 않겠습니까?"

이처럼 홍대용은 중국의 역사를 대함에 있어 역대 임금에 대한 옳고 그름을 판단하는 것에 더욱 중점을 두고자 했다. 이는 자신과 마주 앉은 세손이 차기 왕위계승자였기 때문이다.

홍대용은 이용후생의 문제를 매우 중요하게 생각하였다. 특히 세손이 장차 나라를 다스릴 임금이 될 것이었으므로 강의에서 이러한 문제를 언급하는 것이 더욱 중요하다고 생각했다. 홍대용은 자신이 직접 보고 들은 청의 문물과 제도에 대해 세손에게 다양한 지식을 전해주었다. 특히 그는 자신이 생각했던 조선 사회의 문제점과 개혁 방안까지 함께 언급하고 있다. 이는 세손의 정치적 역량을 키우는 데 큰 도움이 될 뿐만 아니라 조선 사회가 발전하는 데에도 도움이 될 수 있다고 판단하였기 때문일 것이다.

홍대용은 1765년(영조 41)에 숙부 홍억을 따라 북경을 방문한 경험이 있었다. 『계방일기』에는 홍대용이 당시 조선 사회의 모습이나 청에 관한 이야기를 통해서도 세손의 정치적 역량을 강화하려고 했다는 것을 알 수 있다. 당시 세손의 서연에 참석하는 춘방과 계방의 관리 중 연행 경험이 있는 인물은 홍대용이 유일하였다.

세손은 유학이나 역사 지식 외에도 조선 사회의 현실과 청나라에 대한 호기심이 매우 많았다. 홍대용이 북경에 다녀온 경험이 있다는 것을 알게 된 세손은 반색하며 많은 질문들을 던졌다. 홍대용은 이러한 질문들에 대해 답변하면서 자연스럽게 자신의 국가와 사회 개혁에 관한 생각을 펼치기도 하였다.

『계방일기』의 1775년 3월 29일의 기록에는 홍대용이 창춘원과 원명원에 대한 세손의 질문에 답하면서 임금으로서 갖추어야 할 자세를 함께 언급하는 장면이 등장한다. 홍대용은 궁궐의 사치함과 검소함, 임금의 어짊과 그렇지 못함으로 세상 운세의 성쇠를 점칠 수 있고, 궁궐이 어떻게 지어졌는가를 보면 나라의 흥망성쇠를 점칠 수 있다고 보았다. 예를 들어 창춘원을 소박하게 만든 강희제는 백성들에게 칭송받는 영특한 임금이고, 그가 재위한 60년간은 태평성대를 이루었다고 높이 평가하였다. 반면 그는 높은 기와집이 대부분 보이지 않고 담 높이가 두어 길에 불과한 창춘원에 비해 원명원은 어마어마하게 넓고 사치와 화려함이 백 배도 넘는다고 언급하였다.

홍대용은 '극도의 화려함을 자랑하는 원명원 역시 시간이 지나면서 누각의 칠이 벗겨지는 등 화려함이 쇠하게 되었으니 당시에는 백성의 고혈을 짜내어 원망을 샀고, 후세에는 웃음을 남기게 되었다.'라고 하며 사치한 왕실과 임금에 대해 강도 높게 비판하였다. 더불어 사치를 일삼았던 대표적인 임금으로 수나라 양제와 진나라 후주를 꼽았다.

홍대용은 『계방일기』에서 세손에게 "사람의 감각이란 잠시도 만족을 모르는 것이니 비록 천하의 사치를 다하여 날마다 잔치를 벌이며 논다 해도 시간이 흐르면 반드시 새롭고 기이한 것이 생각나는 법이라 점점 기이한 짓을 하게 되는 것이 필연의 이치이며 사치라는 것은 만족을 모르는 것이므로 결국에 가서는 백성의 고혈을 짜내게 될 것"이라고 지적하였다. 이것은 조선의 장래를 책임질 세손에게 임금과 왕실이 검소하게 생활해야 백성들의 삶을 편안하게 할 수 있다는 것을 강조하여 말한 것이었다.

홍대용이 자신의 개혁 사상을 담아 세손의 질문에 대답한 것을 정리한 『계방일기』는 세손이 왕위에 오른 뒤에 서연에서 언급된 개혁 방안을 실천해 줌으로써 조선의 발전에 도움이 될 수 있으리라는 생각과 뜻이 잘 담겨있다. 비록 홍대용은 계방의 관리였다는 한계가 있었지만, 그럼에도 불구하고 최선을 다해 충실히 세손의 교육을 진행하였다는 점을 알 수 있다.

홍대용 연보

1731년(영조 7, 1세)

3월 1일 천원군(현 천안시) 수신면 장산리 수촌마을에서 홍역洪櫟 과 청풍김씨 사이에서 맏아들로 태어나다. 본관은 남양南陽이며, 자 는 덕보德保, 호는 담헌湛軒이다.

1742년(영조 18, 12세)

남양주 석실서원石室書院에서 미호渼湖 김원행金元行에게 나가 배 우다.

1747년(영조 24, 17세)

한산 이홍중李弘重의 딸과 혼인하다.

1754년(영조 30, 24세)

석실서원 회강에서 『소학小學』을 강론하다.

1756년(영조 32, 26세)

9월, 「봉래금사적蓬萊琴事蹟」을 짓다.

석실서원에서 이재頤齋 황윤석黃胤錫을 처음 만나다.

1755년(영조 31, 25세)

연암燕巖 박지원朴趾源과 교유하기 시작하다.

1758년(영조 34, 28세)

부친이 나주목사로 부임하자 따라가다. 이 때 화순에 은거한 호남의 실학자 나경적羅景績을 찾아가 교유하며 새로운 기술방식의 혼천의渾天儀와 후종候鐘(자명종) 등을 제작하다.

1762년(영조 38, 32세)

혼천의와 자명종을 완성하다. 고향집에 '농수각籠水閣'을 짓고 그곳에 혼천의와 자명종을 보관하다. 나경적이 사망하자 제문을 짓다.

1765년(영조 41, 35세)

작은 아버지 홍억洪檍이 중국 사행의 서장관書狀官으로 가게 되자, 수행 군관의 자격으로 연경燕京에 가다.

1766년(영조 42, 36세)

연경에서 천주당을 방문하여 흠천정감欽天正監 유송령劉松齡과 부감副監인 포우관鮑友管 신부를 만나다.

항주杭州에서 온 선비 엄성嚴誠, 반정균潘庭筠, 육비陸飛 등을 만나 형제의 의를 맺다. 3월 11일 연경을 떠나 5월 2일 고향집으로 돌아오다. 귀국 후 중국에서 벗들과 나눈 필담과 편지를 정리하여 『건정동회우록乾淨衕會友錄』을 엮다.

연경 여행에 대한 기록은 이후 한문본인 『연기燕記』와 한글본인 『을병연행록』으로 정리되다.

1767년(영조 43, 37세)

11월, 부친상을 당하다. 시묘살이를 하고 과거를 단념하다.

『해동시선海東詩選』 4책을 완성하여 항주의 반정균에게 보내는 한편 홍대용은 연경 여행과 중국 학자들과의 교유에 대해 비난한 김종후金鍾厚와 편지로 논쟁을 벌이다.

1768년(영조 44, 38세)

부친의 묘소를 지키며 학생들을 가르치다. 중국의 벗 엄성이 사망했다는 소식을 듣고 조문을 지어 보내다.

1770년(영조 46, 40세)

부친의 상을 마치고 금강산을 여행하다.

1772년(영조 48, 42)

스승 김원행이 별세하자 제문을 짓다.

『의산문답醫山問答』과 『주해수용籌解需用』이 이 때를 전후로 지어진 것으로 추정된다.

1774년(영조 50, 44세)

선공감 감역, 돈녕부 참봉이 되다. 동궁시절의 정조 임금을 보위하는 세손익위사 시직侍直이 되다.

1775년(영조 51, 45세)

이해 8월까지 17개월간 동궁과 주고받은 말을 일기형식으로 기록한 『계방일기桂坊日記』를 남기다.

1776년(영조 52, 46세)

정조가 즉위하자 사헌부 감찰이 되다.

1777년(정조 1, 47세)

7월에 전라도 태인현감에 부임하다.

1779년(정조 3, 49세)

경상도 영천군수가 되다. 이듬해 2월에 부임하다.

1783년(정조 7, 53세)

모친의 병을 핑계로 영천군수를 사직하고 고향으로 돌아오다. 10월 23일, 중풍으로 별세하다. 12월에 청주(현 천안시) 구미평에 장사지내다. 박지원朴趾源이 묘지명을 짓다.

1939년

저술을 모아 엮은 『담헌서湛軒書』를 신조선사에서 간행하다.

의산문답·계방일기

인간과 만물 간의 경계를 넘어 우주의 눈으로 세상을 바라보다

1판 1쇄 인쇄 2023년 8월 16일
1판 1쇄 발행 2023년 9월 4일

지은이 홍대용
번역·해설 정성희
펴낸이 김영곤
펴낸곳 (주)북이십일 아르테

TF팀 이사 신승철
TF팀 이종배
출판마케팅영업본부장 한충희
마케팅1팀 남정한 한경화 김신우 강효원
출판영업팀 최명열 김다운 김도연
제작팀 이영민 권경민
디자인 다함미디어 | 함성주 유예지

출판등록 2000년 5월 6일 제406-2003-061호
주소 (10881) 경기도 파주시 회동길 201(문발동)
대표전화 031-955-2100 **팩스** 031-955-2151 **이메일** book21@book21.co.kr

ISBN 979-11-7117-066-1 03910